传播视阈下的
中国文化外译与翻译实践研究

朱梅林◎著

中国商业出版社

图书在版编目（CIP）数据

传播视阈下的中国文化外译与翻译实践研究 / 朱梅林著. -- 北京 : 中国商业出版社, 2023.9
ISBN 978-7-5208-2662-4

Ⅰ. ①传… Ⅱ. ①朱… Ⅲ. ①中华文化—文化传播—翻译—研究 Ⅳ. ①G125②H059

中国国家版本馆CIP数据核字（2023）第192165号

责任编辑：许启民
策划编辑：武维胜

中国商业出版社出版发行
（www.zgsycb.com　100053　北京广安门内报国寺1号）
总编室：010-63180647　编辑室：010-83128926
发行部：010-83120835/8286
新华书店经销
北京亚吉飞数码科技有限公司印刷
*
710毫米×1000毫米　16开　10.75印张　202千字
2023年9月第1版　2023年9月第1次印刷
定价：78.00元
* * * *
（如有印装质量问题可更换）

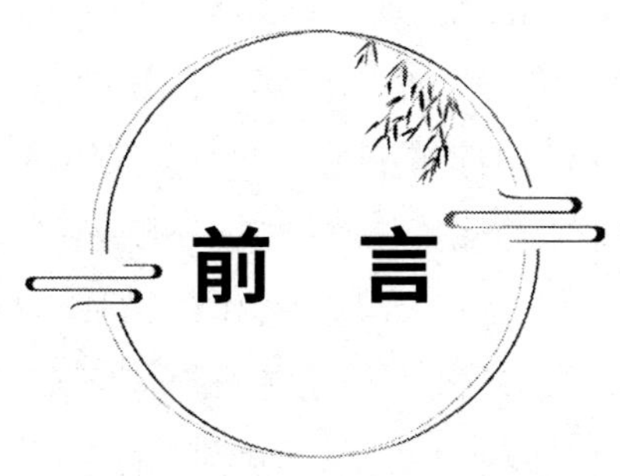

前言

无论是在东方还是在西方，无论是象形文字、楔形文字还是拼音文字，人类语言文字的出现与发展都源于人类文化历史发展的需要。文化对语言的影响主要表现在词汇上，可以毫不夸张地说，词汇作为语言的基本组成部分之一，是语言中最活跃的因素，也是语言学习的起点，而词汇作为语言的三个构成因素之一，比语音、语法更易受时代变迁、社会习俗、伦理道德、思维观念等因素的影响，一个词语的意义在很大程度上依赖于它所出现的语境，即生活中真实的语言环境，因此结合语言词汇与文化学习语言很有必要。在对不同语言展开研究的过程中，人们离不开一种重要的媒介——翻译。通过翻译实践，人们可以了解不同语言中所蕴含的文化内涵，进而了解使用该语言的民族的发展情况。在长期的翻译实践过程中人们发现，翻译不是简单地用语言表达问题，而是要解决翻译实践及其理论研究等方方面面的问题，仅仅从文字层面入手显然是不够的，所以从文化的角度来看待当今翻译理论研究的发展趋势，至少是一种观念上的突破。

中华传统文化是中华民族千百年来共同实践的伟大成果，无论是精神文化、制度文化，还是器物文化、习俗文化等，都积淀着中华民族深沉的精神追求，彰显着中华民族独特的精神气质，维系着中华民族共有的精神家园。随着文化全球化的逐步深入，中国文化在世界上的影响力越来越大。今天，中华民族正在复兴自己伟大文明的道路上奋进，在努力建设有中国特色的新文化。在此过程中，我们需要积极传播中国“新文化”，其中必然离不开语言的帮助，尤其是英语，因为英语是目前国际上使用最广泛的语言之一。研究中国文化外译有助于扩大中国文化在国际上的影响力。鉴于此，作者在参阅大量相关著作文献的基础上，精心策划并撰写了本书。

本书共有六章。第一章作为全书开篇，首先探讨了中国文化与跨文化传播的内容，包括中国文化的国粹与精髓、中国文化传承的重要意义。第二章承接上一章，针对中国文化传播的重要途径——汉英翻译展开论述，涉及中西文化差异对汉英翻译的影响、汉译英过程中的挑战、汉译英过程中文化空缺的对策。在上述章节内容的基础上，第三章至第六章主要针对中国的民俗文化、自然文化、社交文化、经典文化的翻译理论与实践展开了深入分析。其中，民俗文化翻译中涉及节日、饮食、服饰、建筑；自然文化翻译中涉及山水、色彩、数字、动植物；社交文化翻译中涉及人名、地名、称谓语、委婉语；经典文化翻译中探讨了中医文化翻译、经典文学翻译、传统艺术翻译等内容，旨在为中国文化的对外传播助力。

在成书过程中，笔者得到了同行学者的鼎力支持，在此对他们给予的宝贵意见表示诚挚谢意。书中所引用内容的参考文献已在书后一一列出，如有遗漏敬请谅解。由于时间仓促且笔者水平有限，书中疏漏之处在所难免，在此恳请广大读者不吝指正。

笔　者

2023年1月

目 录

第一章
中国文化与跨文化传播

中国作为世界大国，必将以自己的文化软实力影响世界。“十四五”时期是新发展阶段的开局时期和起始阶段，增强国家文化软实力，建设社会主义文化强国应该成为题中应有之义。因此，从国家层面研究文化软实力，梳理国内外软实力研究成果，了解软实力理论的基本情况，进而拓展国家文化软实力研究的新视野，并用于指导和解决我国软实力建设实践中存在的新问题，对于我国切实提升自身文化软实力、在国际舞台上彰显自身文化魅力、承担全球文化新格局的大国责任等，都具有极其重要的意义。

第一节　中国文化的国粹与精髓

一、中华文化的国粹

中华文化的国粹即中华文化的精粹，是指完全发源于中国、起源于中国，并属于中国固有文化中的精华。下面在浩瀚的中华文化中提炼一些国粹进行分析。

（一）《易经》

《易经》是我国一部古老而深邃的哲学文化经典，是华夏五千年智慧与文化的结晶，被誉为“群经之首，大道之源”。《易经》是中华文化的根基，也是中国哲学的源头。

（二）中医

中医是中国的传统医学，是一种古老综合的医学体系，它包括了数千年的历史和经验，包含阴阳平衡、气血流通、经络系统等理论。中医的理论基础和源泉是《黄帝内经》。

（三）中国古典诗词

中国古典诗词是中国古代文学艺术的精髓，是中国文化长河里的瑰宝。

中国是诗词王国，中国的诗词历史悠久，源远流长，从《诗经》《楚辞》、汉乐府，到唐诗、宋词以及元人小令，再到如今，已有3000多年的历史。3000多年来，中国诗词以其丰富的内涵、清丽的神韵、优美的语言和铿锵的音调，影响着一代又一代人。

人的情感借由诗词得到了淋漓尽致的抒发。吊古怀今、社会风貌、自然山水、伤情别离、朝堂政治，皆成了诗词描摹的对象。诗词的魅力在于任凭时光流逝、岁月更迭，浓厚的诗情依旧在人的精神中熠熠生辉。古典诗词的美超越了时空的限制，哪怕身在今天的我们，时隔千年，去温读这些精练优美的诗词，依旧能深切感受到古人抒发的感情，勾起每个人心里的无限诗意。诗词被称作中国古代最优美的文字是当之无愧的，它以最精练、最抒情的文字直达心底，时而婉约到极处，时而又豪放到极处，细细品味间，让人沉醉心迷。

（四）汉服

汉服，顾名思义是中国汉族的传统服饰，从汉至清末，至今已有几千年的历史，承载了汉族的染、织、绣等杰出的工艺和美学，其细节深处，更见中国文化的博大精深。

（五）丝绸

中国最早发明了丝绸。传说是由我国伟大的始祖轩辕黄帝的妻子嫘祖发明了养蚕缫丝技术。嫘祖“养天虫以吐经纶，始衣裳而福万民”，开启了享誉中外的丝绸文明，泽被天下。

（六）武术

武术是徒手挥拳和使用器械的技术，是中国传统的体育项目。武术又称“国术”或“武艺”，其内容是把踢、打、摔、拿、跌、击、劈、刺等动作，按照一定规律组成徒手或器械的各种攻防格斗功夫、套路和单势练习。

（七）中国建筑

中国建筑是世界建筑史上的一大分类，尤其木构建筑体系在世界上独树一帜，并传播至日本、韩国、越南等国家，有着悠久的园林历史。

（八）戏曲

戏曲艺术是我国艺术宝库中的瑰宝，是我国所独有的戏剧形式，它拥有丰富的内涵和雄厚的传统。戏曲艺术是我国各族人民和众多前辈艺人通过生产实践、社会斗争，用集体智慧创造出来的，并在长期的流传过程中得到不断的提高和发展。中国戏曲作为一门综合艺术，融合了文学、美术、音乐、表演等多种艺术形式，是一个有机的统一体。

二、中华文化的精髓

从中华文明的发展史可以看出，虽然中华民族受到了外族的入侵，但是入侵者往往能够迅速被融合或者被同化，这彰显了中华文化的博大精深。中华民族是一个古老的民族，有着深厚的文化底蕴，5000多年来生生不息、绵延发展，创造的中华文明是世界上唯一没有中断的文明。正是因为这一点，中华文明是中华民族的骄傲。因此在研究中，中华文化有着极其重要的地位。中华文化是中华民族不断进步的动力，其中蕴含着很多优秀的传统。

第二节　中国文化传承的重要意义

一、传承传统文化的必要性

中华优秀传统文化是上下五千年中华灿烂文明留下的一笔宝贵财富，虽在人类文明的历史长河中历经岁月洗礼，却依旧熠熠生辉。它不仅在中国薪火相传，而且对世界文化影响深远。它根植于中华大地，存活在国人心中。它突出地表现在中国人的精神信念和价值理念上，也根深蒂固地体现于中国人的日常生活和言谈举止中。中华优秀传统文化是我国生存发展的精神底蕴，也是世界和平发展的思想智库。我们只有大力传承中华优秀传统文化，才能留住中华民族的根，保住中华民族的魂。

（一）留根

中华优秀传统文化根深叶茂，文化发展源远流长，文化传统深厚而悠远，文化成果丰硕而多样。古代中国享有四大文明古国之一的盛誉，在黄河流域和长江流域写下了古老而璀璨的文化篇章。造纸术、指南针、火药和活字印刷术等四大发明代表着中国古代科学文化的灿烂辉煌，对推动世界文明的发展作出了卓越贡献。两千多年前，中国就出现了诸子百家的盛况，老子、孔子、墨子等思想家广泛探讨人与人、人与社会、人与自然关系的真谛，建立了博大精深的思想体系。他们提出的很多理念，如孝悌忠信、礼义廉耻、仁者爱人、与人为善、天人合一、道法自然、自强不息等，至今仍然深深影响着中国人的生活。

儒家、墨家、道家和法家等思想流派成就了中国思想文化的博大精深，构筑了中华民族精神文化的主要内容。“四书五经”记载了中国思想文化的精髓，成为中国传统文化的经典著作。书法、绘画、唐诗、宋词反映了中国古代文学艺术的追求，成为中华传统文化的文艺代表。中国古代文化在哲学、军事、数学、医学、建筑等方面成就斐然，在天文地理、航海技术、农业机械、纺织印染等方面也贡献不菲。

中华优秀传统文化是经过五千年的历史积淀而流传下来的，由不同时代思想家们选取提炼出来的理论性和非理论性的，对整个社会具有正面性、积极性、稳定性和现实性影响的精神成果的总和。中华优秀传统文化以价值取向和思维方式为基础与核心构筑了中华民族的根，并在中华民族的国民品性、伦理观念、理想人格以及审美情趣等方面表现出来。

中华优秀传统文化凝聚了中华民族自强不息的精神追求和厚德载物的精神财富，创造了曾经领先世界精神文明的灿烂历史，成就了中国多民族统一的社会格局。博大精深的中华优秀传统文化是我们发展文化软实力的基石和依托，是我们建设共同精神家园的载体和动力，是我们建设中国特色社会主义文化的“根和种子”。

抛弃传统、丢掉根本，就等于割断了自己的精神命脉。博大精深的中华优秀传统文化是我们在世界文化激荡中站稳脚跟的根基。我们传承中华优秀传统文化就是留住中华民族的根，并使之在我国现代化的建设过程中得以延续和发扬光大。

（二）铸魂

中华优秀传统文化是中华民族之魂，文化是一个民族气质的精神基因、民族认同的精神纽带和民族延续的精神血脉。文化的生死可以关乎民族的存亡，文化是民族凝聚力的思想根基，文化是民族创造力的思想源泉。

实现中华民族伟大复兴需要传承中华优秀传统文化。中华民族伟大复兴的实质就是中华民族文化的复兴，即中华民族精神的复兴。文化是一个民族存在与发展的重要支撑，是推动民族延续和发展的内在动力与精神支柱。中华民族是有着悠久传统文化的民族，在历史发展和社会变迁中，中华民族依靠中华优秀传统文化蕴含的伟大的民族精神来维系民族和国家的延续。

实现中华民族伟大复兴是中华民族近代以来最伟大的梦想。这个梦想凝聚了几代中国人的夙愿，体现了中华民族和中国人民的整体利益，是每一个中华儿女的共同期盼，没有中华优秀传统文化的复兴就没有中华民族的伟大复兴。

一个对本民族传统文化不尊重、对本民族文化精神不自信的民族是不可能真正强国的。只有当本民族优秀传统文化的价值体系精髓已经深入积淀为本民族的文化精神和民族心理，理性升华为本民族的民族精神时，本民族才能把握强国的正确方向。

（三）强国

传承中华优秀传统文化是我国强调独特身份标志的需要。不同国家文化之间的根本区别在于核心价值观的不同，传承优秀传统文化能够更好地培育和弘扬我国社会主义核心价值观。如果一个国家丧失带有自身独特标志的传统文化，也就意味着这个国家历史传统的中断和民族精神的丧失。

我国是世界四大文明发源地之一，在五千多年的文明发展历程中，中华民族为人类的文明进步作出了不可磨灭的贡献……我国人民依靠自己的勤劳、勇敢、智慧，开创了民族和睦共处的美好家园，培育了历久弥新的优秀文化。

独特的传统文化除了在文化上产生影响力，重要的是在政治上和道义上也产生了强大的吸引力。我国提倡的“和平共处五项原则”使我们在国际事务中和平解决争端发挥了应有的作用，也为解决国家之间的争端提供了基本的行为规范，受到了世界各国的赞扬，塑造了我国作为负责任大国的国际形象。

我国的“天人合一”“多元共生”“和而不同”等文化思想引起世界共鸣，为全球环境污染、多样性发展等世界难题的解决提供了独特的参考思路。英国著名历史哲学家博士汤因比先生认为，只有中国的孔孟道德学说才能解决21世纪人类的生存问题。

文化实力和竞争力是国家富强、民族振兴的重要标志。传承中华优秀传统文化是我国迈向社会主义文化强国的需要，关系到“两个一百年”奋斗目标、中华民族伟大复兴和中国梦的实现。

二、传承传统文化的策略

我国要实现中华民族伟大复兴，必须推动社会主义文化大发展、大繁荣，必须建设优秀传统文化传承体系，弘扬中华优秀传统文化。

（一）在理解中扬弃

中华传统文化绵延五千年之久，我们必须批判性地继承中国传统文化。批判并不代表全面否定，继承也不代表全面复古。传承传统文化是一个批判性的扬弃过程，要弃其糟粕，取其精华，必须将古代封建统治阶级的一切腐朽的东西和古代优秀的人民文化即多少带有民主性和革命性的东西区别开来。在对待传统文化的问题上，如果批判多于继承，否定多于肯定，就会导致一些人对自己民族传统文化的无知，缺少自尊与自信。因此，我们对传统文化的发展历程既要有充分的了解，又要有清醒的认识。

要防止历史虚无主义和封建复古主义倾向，要有立足今天的文化自觉和文化担当。我们将马克思主义的观点与方法作为参照，从时代的要求出发，对传统文化中的糟粕进行摒弃，深度挖掘传统文化的积极成分以及思想内涵，对传统文化进行批判性的吸收，只有这样才能使优秀的传统文化为全面建设社会主义现代化强国服务。

（二）在保护中传承

对于作为民族之魂的传统文化，要有一份温情与敬意，保护好民族的传统文化是保护好民族自信心的必要前提，是保护好民族文化主权意识的重要条件。传统文化的传承前景取决于它对我国人民生存发展的意义如何，那些还能够继续反映我国社会的发展要求、继续为我国人民的生存发展提供最大资源利益的文化就是优秀的传统文化。我们要通过国家政策、法律、资金投入等措施加大对优秀传统文化的多维度保护。

我们要在保护中传承经典的优秀传统文化。传统文化中的经典文化，强调礼乐、道统等超越精神。这些经典文化主要来源于“四书”“五经”和历代史书，传统文化的精髓主要是对天地、生命的敬畏，对“天下为公”的大同理想、公平正义社会的憧憬，对人文价值理念、多姿多彩的文化与多种审美情趣的追求。这些经典文化精髓对国人处理人与自然、人与人、人与社会、民族、国家等之间的关系具有很强的教育意义。

文明传承的基本方法是经史互释，经无史而不彰显，史无经则散乱。我们需要从当今命题出发，对经典和传统赋予时代气息的解释，做到在保护中传承这些经典文化的优秀成分。我们今天依然要胸怀“修身、齐家、治国、平天下”的理想抱负，弘扬“天行健，君子以自强不息；地势坤，君子以厚德载物”的民族精神，发扬“先天下之忧而忧，后天下之乐而乐”的爱国精神，践行“不涸泽而渔，不焚林而猎”的生态理念等。

我们还要特别保护非物质文化遗产。我们不仅要强调经典传统文化的传承，而且要去民间拯救和培植文化传统，特别要注意保护我国的非物质文化遗产。2005年，国务院办公厅印发了《关于加强我国非物质文化遗产保护工作的意见》，要求通过全社会的努力逐步建立完备的非物质文化遗产保护制度。

2011年，《中华人民共和国非物质文化遗产法》开始施行，规定“对体现中华民族优秀传统文化，具有历史、文学、艺术、科学价值的非物质文化遗产采取传承、传播等措施予以保护”。从此，非物质文化遗产的传承与传播获得了法律上的保障。

（三）在交流中创新

一个国家、一个民族的强盛，总是以文化兴盛为支撑的，中华民族伟大复兴需要以中华文化发展繁荣为条件。文化创新是文化繁荣的不竭动力，是社会主义文化强国建设的关键所在。中华民族的优秀传统文化曾经以丰富的内涵和独特的魅力在世界上傲居一方，成为东方文化的典型代表。中华民族创造了源远流长的中华文化，中华民族也一定能够创造出中华文化新的辉煌。

文化交流是文化得以进步和发展的动力。在世界文化发展史上，各个国家和民族的文化在相互交流中碰撞、在相互冲突中融合，也在相互学习和相互借鉴中得到创新。在中华民族五千多年的历史进程中，既有过文化开放带来国家兴旺发达的鼎盛时期，也有过文化保守带来国家衰败的没落阶段。

在全面建设社会主义现代化强国的今天，积极开展中外文化交流与融合，是我们增强文化软实力的一个重要条件。

（四）在教育中提升

传承中华优秀传统文化需要对全民族加强传统文化教育。在教育中提升国民的思想道德素质和科学文化素质，使中国人民在中国特色社会主义文化建设的过程中始终保持昂扬的精神状态，并使之成为中国文化软实力最具活力的忠实代表。

完善中华优秀传统文化教育，是贯彻党的教育方针、完成立德树人任务的重要途径，是加强社会主义核心价值体系教育、建设社会主义文化强国的题中应有之义，我们应当采取多种形式加强对全国人民的传统文化教育。

首先，对未成年人加强传统文化教育。通过学校联合家庭，对未成年人普及传统文化教育。传统文化教育从娃娃抓起，能够引起社会各界对未成年人传统文化教育的关注和重视。

其次，对大学生加强传统文化教育。大学生是民族的未来和希望，通过对他们加强系统性和科学性的传统文化教育，可以提高他们的人文素养，增强他们的民族自信心和自豪感，使其形成正确的社会主义文化价值观。

最后，提高媒体的传统文化宣传力度。通过媒体舆论的广泛宣传普及，使广大人民群众获得传统文化的教育。

综上所述，我国拥有世界上独一无二、历史悠久的优秀传统文化，这是我们建设社会主义文化强国的雄厚根基和强大实力。在当今经济全球化迅猛发展、文化竞争日渐激烈的情况下，我们必须理智地看待自己的传统文化资源，积极传承中华优秀传统文化，把优秀传统文化的精髓与全球化下的现代化发展需求结合起来，这样可以既保持其特色，又使其焕发出新的生机和活力。

第二章

中国文化传播的重要途径——汉英翻译

由于地理条件、历史发展的不同，汉英文化之间产生了很大的差异。这些差异体现在很多方面，包括思维方式差异、语言特点差异、价值观念差异、时间观念差异、空间观念差异和生活方式差异等。在汉英翻译过程中，译者只有对这些差异有准确的把握，才能较好地进行翻译。

第一节 中西文化差异对汉英翻译的影响

由于历史、地理、宗教等因素的影响，不同的民族形成了独具特色的文化，各个民族之间的文化存在着明显的差异。翻译作为沟通语言与文化的桥梁，了解这一文化差异对翻译起着至关重要的作用。为了更好地进行翻译，本节我们就对中西文化差异对汉英翻译的影响进行分析。

一、生态文化差异对翻译的影响

生态文化主要包括一个民族在气候、地形、地貌等方面所形成的文化。由于各个民族有着不同的生活环境，因此各个民族的生态文化存在着很大的差异，各个民族、国家的生态文化具有很明显的地域性，尤其是表达同一种事物时由于受生态文化的影响，不同的语言中会有不同的语言形式进行表达。例如，雪的气候条件在因纽特人的生活中有着至关重要的作用，因此在因纽特人的语言中出现了很多种词汇表示雪，如gana（正在下的雪）、aput（地上的雪）等。然而对于一个斐济人而言，甚至没有一个词语来表示雪的概念。这是因为斐济人常年生活在热带，终年见不到雪，对雪没有任何的概念。可见，一个民族特有的文化背景和地理环境对该民族的语言文化有着非常大的影响，这一影响也适用于翻译。例如：

……穷困时，就一个人跑到马路上喝西北风……

（谢冰莹《饥饿》）

When I'm broke, I'll go strolling around the streets alone on an empty stomach.

（张培基　译）

对于中国的读者来说，“西北风”是指“冬季刺骨的寒风”，“喝西北风”是指“饥寒交迫的困境”。然而，这一文化内涵对于不同地理位置的读者来说，会对其感到困扰与不解，也不能充分地感受到原文中“喝西北风”的真正内涵。因此，在翻译的时候，不能将其直译为drink the northwest wind，而将其译为on an empty stomach，将这一意象的真实含义译出，便于读者感受其中的文化内涵。可见，生态文化差异对翻译有着显著的影响。

二、社交文化差异对翻译的影响

不同民族有着不同的社交文化，了解社交文化的差异有利于跨文化交际的进行。翻译作为传递两种不同语言的文化之间的桥梁，因此社交文化差异对翻译有着非常重要的影响，甚至关系到能否顺利地展开交际。下面我们具体从问候方式以及告别两个方面对社交文化差异对翻译的影响进行分析。

（一）问候方式

中西方不同的问候方式对翻译也造成了一定的影响，下面我们通过分析关心式问候以及称赞式问候对翻译的影响展开分析和讨论。

1.关心式问候

关心式问候指打招呼者的问候，体现了对对方身体或生活、工作等方面的关心。汉语中“早饭吃了吗？”“你到哪儿去？”和英语中的“How are you?”“How are you doing?”“How is everything?”等都属于这一类。值得注意的是，“早饭吃了吗？”“你到哪儿去？”等问候形式本身没有具体的意义，也不是刻意地要求对方作出回答，只是一种表达寒暄的问候方式。

但是这种问候语直译成英文后（Have you had your breakfast?）在英语文

化中则表示要请对方吃饭，无法被欧美人士接受，他们会认为对方在打探自己的隐私。如果这一问候语（Have you had your breakfast?）是在未婚男女之间，发话人是一名男子、受话人是一名女子的话，则意味着男子有意追求女子，打算与其约会。

2.称赞式问候

除了可以采用关心式问候方式之外，还可以采用称赞式问候对方，但是英汉语言在这一方面有着不同的表达。例如，在中国，长时间没有见面的两个女性朋友见面后会说“你变苗条了”等，这些话语是对对方的赞美，意为对方最近的身体和生活状况都很好。然而，对于西方人来说，长时间没有见面再次相见时也会用称赞语（如You look so great等）互相问候，但是不会像中国人表达得如此具体。

需要注意的一点是，在汉语文化中，“说一个人没怎么变化”表示对其赞美。然而在英语文化中，这却是一个贬义色彩的评价，表示对方一直安于现状，一直没有取得进步。

综上所述可知，在进行翻译时，译者需要结合英汉语言的不同问候方式，从而避免误会和理解障碍，最终译出符合目的语读者语言表达习惯的译文。

（二）告别

告别有其特定的结构模式和语言表达形式。不同的文化有不同的告别方式。

英美人在告别时通常说“Good-bye”“Bye-bye”等，与中国人的“再见”意思相同。需要注意的是，英美人和中国人在说“Good-bye”或“再见”之前的客套语各不相同。在中国，如果贵客或不太熟的人来访，客人离开时，主人通常要把客人送到房门口或大门口，然后客人对主人说“请留步”，主人也会说一些客套话，如“慢走”“走好”“路上慢点”“慢点儿开（车）”等。汉语中的这些告别语都不能直译为“Stay here”“Go slowly”“Walk slowly”或“Ride slowly”等，会显得十分别扭、不自然。

实际上，在大多数英语国家，道别之前，人们通常彼此微微一笑，做个再见的手势，或简单地说一些诸如“Good-bye”“Bye-bye”“Take care”“See you later”的告别语即可。

第二节　汉译英过程中的挑战

著名学者王宏印曾指出，“翻译并不是在真空的状态下产生，它必然需要一定的社会条件”。国内学者在对中国文化进行英译时，总是从西方的思维定式出发，习惯性地用西方的文化模式进行翻译，这是因为受英语教育的影响。

汉译英的研究不能仅限于语言的层面，还应该上升到文化的层面，尤其是对文化内涵的分析和阐释。对于翻译研究“文化研究”层面，目前依然缺乏足够的思想认识，还尚未从建设和传承汉民族文化的角度对汉译英问题进行重新审视，再加上英美文化的强势扩展，多元文化的平等交流仍较缺乏。因此，传统欧美的互译理论很难被用到汉译英的文化翻译中。

从我国英译汉的历史中可以看出，在较长的一段时间里，我们一直在“保留洋气”，即英译汉的译文倾向于西方的模式，顺应了西方文化的传真效应。例如：

Kill two birds with one stone.

有的译者将此例译为“一石二鸟”，而不是译为汉语中的“一箭双雕”，虽然二者的意思一致。

As poor as a church mouse.

有的译者将此例逐词译之，即“穷得像教堂里面的老鼠一样”，而不是顺应汉语的习惯，翻译成“一贫如洗”。

A stick-and-carrot policy.

有的译者将此例翻译成“大棒加胡萝卜的政策”，而不是翻译成汉语中的“软硬兼施”。

He found it brick, and he left it marble.

这句话从字面上翻译就是“用的是砖石建造，成就的是大厦”。实际上，这和汉语中的“吃的是草，挤的是奶”一个意思，但是此例的译者翻译时并没有进行汉化处理。

上述四个例句的翻译是很难让国人理解的。著名学者许钧、张柏然指出，“国人大多接受了西方国家中的异质文化，而这些异质文化使国人学到了以前未接触到的新鲜东西，包括社会生活方式、新理论、新方法等”。客观上讲，这些异质文化并不是完全没有作用，而是成了汉语文化的一部分，并对汉语文化产生了积极的影响。

而对于汉译英来说，由于英语文化一直占据主导地位，因此在汉译英中也呈现了完全英化的现象。例如，中国著名的翻译家林语堂在翻译汉语文化时，并没有选择忠实源语文化的策略，而是从西方文化的视角出发进行翻译，以满足西方人的文化心理。在林语堂翻译的著作中，个别出现了归化过度的情况，导致了汉语文化的缺失。例如：

“天”译为the gods；

“尺”译为foot；

“十金”译为ten dollars；

“里”译为mile；

“寸”译为inch；

“亩”译为acre。

这样的翻译显然是倾向于西方的文化。虽然林语堂也对两种文化的发展及两种文化的对立性进行了阐释，但是从他的翻译中不难发现他有“欧化”的倾向。

另外，还有一些翻译者也与林语堂有同样的翻译法。例如：

“七十紫鸳鸯”

此例选自李白的著名古诗《古风五十九首·其十八》，在翻译时将其译成了seventy dancing men and women，即“七十对共舞的男女”。

“亚洲四小龙”

此例译成了the four Asian tigers。

这样的翻译是对汉语文化的消弱，虽然对目的语文化的顺应是为了便于目的语文化读者接受，但是很明显失去了让目的语读者了解源语文化的机会。

总之，无论是英译汉中的英化现象，还是汉译英中的英化现象，都明显存在很多问题，即无论文化交流是何种形式，其本身就具有不平等性。

我们需要用历史的眼光重新审视汉译英中的文化翻译问题，在了解西方文化的基础上，将吸收欧美文化作为英译汉翻译的目的。同时，对于汉译英而言，也应该以中国文化为导向，尽量保留中国本土文化的气息，让西方民族更加了解中国文化。在翻译中，译者不能仅仅为了避免发生文化冲突，而“讨好”或者“迁就”西方的读者，译者有必要让西方读者更加了解中国的文化，将中国的文化逐渐引入世界文化大集团中。

第三节 汉译英过程中文化空缺的对策

文化差异尤其是文化空缺现象对于汉译英而言是一个极大的挑战。如何处理汉译英中的文化空缺现象，在不同的语境中解决文化差异现象产生的语义缺省问题，最终实现汉语文化的语言功能转向，是目前翻译者关注的重点。

一、文化空缺现象

文化空缺现象是语言交际中的一个极其独特的现象，它是在文化差异中不断衍生出来的，是指本民族或国家有而其他民族或国家不存在的一种文化现象。文化空缺现象是对不同民族、不同国家文化差异的一种反映，也呈现出该民族或该国家的独特之处。因此，文化空缺现象对民族或国家文化语义而言具有强大的保护作用。下面就从以下几个层面来分析文化空缺现象。

（一）文化空缺现象的内涵

在介绍文化空缺现象之前，首先应该对空缺现象有一个基本的了解。只有了解了“空缺”的概念，才能深刻了解文化空缺的现象。

1950年，美国著名的语言学家霍凯特（Hockett）通过对比不同语言的语法模式，提出了“偶然的缺口”（random holes in patterns）这一概念，这标志着空缺现象首次出现。

之后，俄罗斯的文化学家、文艺学家提出了“倒刺”一词，认为那些阻碍文化交际的个性就是“倒刺”。

1970年，更多的学者开始关注“空缺”这一现象。例如，1975年，苏联的翻译理论家巴尔胡达罗夫（Barkhudarov）通过对两种不同语言中的词汇进行对比，提出了著名术语“无等值物词汇”，顾名思义就是其他语言中没有与之对等的词汇。同年，人类学家赫尔（Hull）对澳大利亚土著居民的语言中颜色这一层面进行研究和描述，发现其本民族缺少具体的颜色名称，从而提出了“间隙、空白”两个词语。这两个词语的提出已经与“空缺”一词极其接近。

20世纪80年代末期，“空缺”理论正式形成，它是由苏联著名学者索罗金（Sorokin）提出的。索罗金等人还研究和探讨了不同民族的话语及民族文化的个性特征，而且，索罗金给予了“空缺”一个明确的定义，即“一种局域文化在另一个局域文化中是缺省的”。

除了这些国外学者，一些国内学者也对“空缺现象”进行了研究和概念界定。

何秋和（1997）认为，每一个民族都具有其独特的语言文化现象，而这些语言文化现象不被其他民族具有，这就是所谓的“空缺”。

王秉钦（1995）认为，“空缺”是在一种文化的源语中存在不被其他民族接受或明白的东西，从而产生异族文化的空白现象。

可见，关于“空缺”这一概念的界定有很多，但是这些界定都基本相同。笔者认为，受不同社会习惯、习俗文化、意识形态等方面差异性的影响，一种语言中存在的事物、概念或现象在另一种语言中找不到相近或者相似的对应表达，这就造成了语言文化的空缺现象。

不同民族的文化间存在着明显的不对应性，又可以称之为“文化差异性”，因此使整个世界呈现了不同的文化图景。正是由于这种空缺的现象，导致了不同文化之间在相互比较和撞击中被人们不断感知，这就是“文化空缺现象”。

（二）文化空缺现象的特点

从上述空缺与文化空缺现象的定义可以总结出其基本的性质，主要包含以下几点。

1.不理解性

空缺现象的首要特征就是不理解性。例如，屈折语是俄语语言的一项典型特征。其包含名词的数、性、格，动词的体、时、态，语法手段的前置词等，都有着深层的含义。尤其是他们在定义时间上，认为周二是阳性、周三是阴性、周日是中性等，这些现象在翻译中是非常困难和不容易理解的。

2.不习惯性

不习惯性是说两种语言在词汇、语法系统上都存在着明显的区别，同时在区分事物、引发联想上也不一样，因此又可以被称为“异域性”。这一特性主要体现在对事物的认知和表达、综合和切分上。例如，英语中的“aunt”一词既可以表示汉语中的姑姑，也可以表示“阿姨”“伯母”“舅妈”等，这就会让中国人感觉到指代不明，划分过于草率。而对于汉族称谓将此划分得如此清晰，英语国家的人们也无法习惯。

3.陌生性

所谓陌生性，是指不同语言中的表达习惯、修辞特点、词语搭配等都会形成不同的感悟和联想。例如：

一丈青大娘骂人，**就像雨打芭蕉**，长短句，四六体，鼓点似的骂一天，一气呵成，也不倒嗓子。

上述例句选自刘绍棠的《蒲柳人家》一文，其中加粗的部分运用了比喻修辞手法，运用喻体来对本体进行说明，但是如果让外国人看，这就会给他们以新奇、陌生之感。

4.误读性

当不同文化相互接触、摩擦时，文化之间就会出现误读的情况。一种语言中的常见现象可能会被使用另一种语言的人采用其自身的思维方式来解读，即用其自身的文化认知、文化切分来理解不同民族的文化，这就会出现“误读”或“不确定”。例如，袋鼠是澳大利亚的一种常见的动物。18世纪，探险家刚到澳大利亚就见到了这种动物，就问当地的居民：“这是什么？”当地居民只回答了“Kangaroo”一词，探险家就理所当然地以为Kangaroo就是袋鼠的意思。事实上，这一单词在澳大利亚原住民语言中代表的是“我不知道”。

空缺现象具有上述四个特征。但是，很多时候同一空缺现象会同时体现两种或三种特征，很难分出彼此。

（三）文化空缺现象的类型

空缺现象的分类是极其复杂的，因为它是一种异质的极致形式，而且语言与文化密切相关，因此在分类上文化空缺现象也离不开语言空缺现象。

俄罗斯文化学家、语言学家在这一分类上的研究是比较辉煌的。斯捷潘诺夫等人将空缺分为两大类，即相对空缺与绝对空缺。前者是指存在于一种语言中的词语形式在另一种语言中的运用程度是多还是少的一种不确定的现象。后者是一种语言中的词语形式在另一种语言中无法找到相同的确定表达的现象。

还有学者将空缺分为广义层面上的空缺和狭义层面上的空缺。其中广义层面上的空缺又分为语言空缺、非语言空缺、文化空缺等内容。狭义的空缺仅仅涉及词语、词组等层面，也就是我们常说的“不对应词语”“空缺词”等。

索罗金等人将空缺分为语言学空缺和文化学空缺两大类。其中语言学空缺又包含了语言空缺和言语空缺两大类：前者包含词汇空缺、语法空缺、修辞空缺；后者包含补偿空缺、部分空缺、完全空缺。文化学空缺比语言学空缺更复杂，其主要包含以下四类。

（1）主体型空缺。这一空缺主要反映的是不同民族中的交际主体的个体文化特征。

（2）文本型空缺。由于它将文本看成一种交际的手段和工具，因此这一空缺也是由文本产生的。

（3）文化空间型空缺。这一空缺主要是从广义的角度来看待不同的文化而产生的空缺现象。

（4）交际活动型空缺。活动类型不同，其民族文化特点也不一样，因此交际活动型空缺也就产生了。

在上述四种类型的空缺下面又分为细小的空缺，虽然索罗金的划分比较庞大、复杂，但是它很好地揭示了不同文化的语义。

（四）文化空缺现象产生的原因

上面介绍了文化空缺现象的内涵、特点、类型，下面就来分析产生文化空缺现象的原因。只有明确了这些因素，才能更好地解释文化空缺现象，也才能在汉译英中更好地传递信息。

1.政治制度的影响

所谓政治制度，是指在社会政治的领域，要求政治实体必须遵守的各种规范和准则。由于国体、政体的不同，也会使文化空缺现象产生。例如：五讲四美、希望工程等。

对于上述这些我国的精神文明词语来讲，如果英美国家的人们不了解，那么就很容易让他们感到不知所云，这就是受政治制度的影响。

2.社会历史变迁的影响

随着其自身的历史背景不断发展，不同民族在各个时代的历史人物与事件都承载着丰富的民族个性，这也引致文化空缺的现象。例如：梁上君子、桃园结义、卧薪尝胆、焚书坑儒、竹林七贤、官渡之战等。

这些历史事件对于中国人而言是耳熟能详的，但是对于其他国家的人们而言是不易理解的。

3.民俗习惯的不同

民俗习惯又可以简称为“民俗”，是文化最为直接的反映，是一个国家或民族长期积累下来的物质文化与精神文化。正是由于不同国家和民族的历史发展不同，其民俗习惯也存在明显的差异，这也是造就文化空缺的重要原因。例如：门当户对、拜天地、入洞房、良辰吉日等。

由于中国的婚俗与英美国家的婚俗之间存在着差异，也就出现了文化空缺现象。

4.生活环境的不同

不同的生活环境也是产生文化空缺现象的一个原因。由于中国是一个农业大国，一直坚持以农为本，注重农业生产和农田水利建设，而语言的发展也与农业有着莫大的渊源。汉语中也就出现了许多与农业相关的成语。例如：对牛弹琴、小试牛刀、斩草除根、岁稔年丰、精耕细作、拽耙扶犁等。

英语国家大多濒临海洋，其形成的语言也都与海洋有关。因此，这些带有浓烈地域色彩的汉语词汇很难在欧美国家的语言中找到相对应的词汇。

二、汉译英中文化空缺的对策

在汉译英中，处理文化空缺的最好方法就是译成“中国英语”，这不仅能够保留源语中的“异域情调”，还能够将源语中的文化信息再现出来，可谓一种好的翻译对策。具体来说，可以从以下两个层面分析。

（一）文化间性翻译观

文化间性翻译观是建立在文化间性主义的基础上的一种翻译观。文化间性主义要求构建一种相互协调、互惠互补的跨文化关系。它与多元文化存在着差异，既不会划分文化也不会区分民族，从而运用文化之间的共性特征进行文化间的互动。

翻译者应该具有文化间性的身份，具有文化间性身份的人会主动内化不同文化的组成要素，并且对不同文化的发展和进步持有开放、接纳的态度。用文化间性的理论去指导翻译的实践，必然可以带来以下两种效益。

（1）译者会以开放的态度对异己文化进行包容和接纳，从而寻求最得体的方式来分析不同的文化。

（2）译者会对源语文化进行开发和拓展，运用共性的思维对中西方文化进行思考，进而将源语文化推向世界。

从文化间性的定义和理念可以看出，文化间性已经弱化了异化策略和归化策略的极端性，但是并没有放弃“信、达、雅”的原则。例如：

原文：天时不如地利，地利不如人和。

译1：Sky times not so good as ground situation；ground situation not so good as human harmony.

译2：The time isn't as important as the terrain, but the terrain isn't as important as unity with the people.

第一个译文显然属于乱译或者瞎译，这样译出来会被笑掉大牙的，是很不负责任的一种译法。而第二个译文才能让读者明白原文含义。

另外，文化间性翻译也强调了文化之间的交融。但是如何才能把握好文化间性翻译的尺度，这就需要译者注重以下四个步骤。

（1）译者将异国文化完全置于自己的文化当中。

（2）为了异国文化而抹掉自身文化的存在。

（3）对异国文化尽可能地了解进而逐渐恢复自身文化的身份和地位。

（4）在保持中立的基础上，逐步找到异国文化与自身文化的均衡点。

（二）文化空缺翻译具体对策

文化翻译经过了50多年的发展，已经取得了不小的成绩，尤其是金惠康对翻译理论和实践两个层面的研究得到了很多学者的关注。他的《跨文化交际翻译：汉英语言文化比较》一书中，对跨文化翻译的策略进行了分析和拓展。之后国内学者刘宓庆在他的《文化翻译论纲》里，进一步对文化翻译的对策进行拓展并且发表了自己的看法。总结来说，主要有两种策略，即异化策略和归化策略。所谓异化策略，就是指译者在翻译的时候应该尽量向作者靠拢，不应该扰乱到作者，这样才能使读者更靠近作者，也更接近作者的思想，简单来说就是译文要保留作者所在国家的情调。所谓归化策略，是指翻译者将原文本土化，即把目标语言作为读者的归宿，译文要遵从目标语言的文化特色，翻译的口气更加靠近本土。译者通过将原文变成地道的本土语言，从而达到原文作者和读者的直接对话。这两种策略各有千秋，各有利弊，并不断引起了国内外学者的争议。

在全球化的大背景下，金惠康从话语权的扩大、翻译者的责任以及文化进化理论这三个层面分析了异化策略。他认为当今的社会背景要求翻译者应该肩负起文化交流与传播的双重任务，翻译者不仅能够将西方文化介绍到国内，也可以将本民族的文化传播出去。采用异化的策略，能够帮助读者争取更多的话语权，这就是话语权的扩大。另外，翻译者应该认清自己的使命，认识到中西方文化各自的特点，外来的文化是不可取代其内在文化的，这就是翻译者的责任。而对于文化理论而言，主要的目的就是各种文化的统一趋向性，因此需要翻译者努力适应、努力容忍，最终达到努力接受。同时，刘宓庆也认为文化翻译应该注重真实性，要求翻译者以译语作为立足点来真实对待源语文化。

除了两位学者之外，对于异化策略极其看重的应该属于美国翻译家韦努蒂（Lawrence Venuti），他认为目的语文化不应该占据主导的地位，应该着重突出原文的意义。另外，他还提出了反对译文通顺的策略，因为他认为达到译文通顺就必然会改变原文的意义。

从上面几位学者的意见、建议可以看出，异化策略是针对话语权这一意识形态而考虑的，但是这种观点显得过于极端，在实践的层面很难达到这一点。从实践层面上来说，归化策略也是不可少的，归化策略的代表人物是尤金·A. 奈达（Eugene A. Nida），他是从社会和文化的角度进行研究的，认为译文应该将读者放在首要的位置，并着重分析原文作者的意图。在表达方式上，尤金·A. 奈达认为译文应该是完全自然的。

可见，归化策略也存在着偏见性。事实上，归化策略和异化策略孰轻孰重的问题一直处于争论的状态，但是二者各存在着利弊，因此需要二者相互补充，这样的译文才能更真实、更贴切、更富有文化色彩。在这两种策略的指引下，国内外学者通过深层次的探讨，主要总结出了以下五种具体对策，且这五种对策对于汉译英中文化空缺问题的处理极为重要。下面对这五种具体对策进行重点论述。

1.直译法

直译法是指使译文和原文的文化信息进行对应，直译法实际上是尽最大的力量来保留源语文化的特点。这种方法不仅可以开阔读者对于不同文化的视野，也可以促进中西方文化间的交流与合作。例如：

八卦（Eight Trigrams）；

四书（Four Books）；

易经（Book of Changes）；

重阳节（Double Ninth Festival）；

清明节（Qingming Festival）等。

除了这些短语的翻译之外，一些句子的翻译也可采用直译法。例如：

露西轻易上了钩，并没有意识到自己的处境危险。

Lucy swallowed the bait without realizing the danger she was in.

原文中的“轻易上了钩”是把露西比喻成了一条鱼，这句话的意思是露西被骗了，但是如果按照引申意义翻译成Lucy is cheated...就丧失了原文的文化特色，显得很索然无味。因此，在这种情况下应该尽可能地对应原文。

2.转换法

由于历史文化、风俗习惯、生活地域以及宗教信仰的差异，不同的民族对同样的事物认识上也存在着明显的差异。有些事物可能在一种文化环境里面是美好的，并具有丰富的外延和内涵意义，但是在另一种文化里就不代表什么，甚至是毫无文化意义的。在翻译这类事物的时候，翻译者需要懂得变通，把源语中带有文化色彩的意象转换成译语中带有同样文化意象的词语。

我们用几种常见动物名词英译来进一步分析和说明。众所周知，horse的意思是马，那英语中的马和汉语中的牛在翻译中有什么关系呢？

之前已经提到，中国古代是个农耕社会，牛是农业生产劳动中最重要的畜力，这种密切的联系使人们常常用牛来形容人的品质。因此，在中国人民的心目中，牛是一个富有坚韧、勤劳、任劳任怨的形象，汉语中有“牛劲”“牛角尖”“牛角书生”等与牛相关的词语。在西方文化中，牛被用作祭祀，在许多宗教活动中，祭祀牛是一种非常重要的仪式，而牛被认为是人间派往天国的使者。而在西方国家，horse（马）被认为是强壮、力气大、任劳任怨的形象。例如：健壮如牛（as strong as a horse）、饭量大如牛（eat like a horse）。

与马（horse）和牛有异曲同工之妙的是狮子（lion）与老虎。在西方文化中，百兽之王并不是老虎（tiger），而是狮子（lion）。在英语中，狮子代表的是勇敢、威严、凶猛的含义。例如，英国国王理查德（Richard）由于勇敢过人而被人称为狮心王（the Lion-Heart），并且把狮子作为自己国家的象征。与西方不同，中国文化里，老虎是百兽之王，是英勇大胆、坚决果断、威猛勇武的象征。可见，中国文化里的“虎”与西方文化里的狮子的文化内涵是相对应的。另外，虎的形象也成了英勇作战的将士们的象征，因此汉语言里有“虎将”“虎士”“将门虎子”“九牛二虎之力”等。

3.译注法

有些历史事件、人物以及典故往往会带有浓重的文化色彩。英译这些篇章时，译者首先可以采取直译的方法，然后在此基础上增加词语来进行解释和说明其文化背景，这就是译注法。译注法不仅可以保留原文的文化色彩，也有利于读者更轻松地理解原文。例如：“梁祝”可译成梁山伯与祝英台，也即中国的罗密欧与朱丽叶（Liang Shanbo and Zhu Yingtai，the Romeo and Juliet in China.）。一般的西方人都不会了解“梁祝”到底是怎样的故事，因此译文用“罗密欧与朱丽叶”作了注释，西方人也就完全明白了。再比如：“三个臭皮匠，顶一个诸葛亮”直译可译为“Two heads are better than one”，而运用译注法则可译为“Three cobblers with their wits combined equal Zhuge Liang，the master mind.”。

西方人对于“诸葛亮”这个词是不熟悉的，通过用the master mind进行解释，就可以使西方人理解原来诸葛亮是一位富有智慧的圣人，他是智慧的化身。

4.意译法

意译法是指舍掉原文的字面含义以及语言形式，运用目的语文化的对等词语来表达原文的文化思想。在许多情况下，中西方语言的表达形式和文化背景存在明显的不同，原文的词语在目的语文化中并没有对等词，运用直译法和译注法不能传达出原文的文化意义，因此这种情况下就得选用意译法。意译法适用于目的语的语言缺位的情况。例如：脱掉棉衣换上春装的人们，好像卸下了千金重载，真是蹿跳觉得轻松，爬起卧倒感到利落。

事实上，“卸下了千金重载”“蹿跳觉得轻松”“爬起卧倒感到利落”这三个词语都是在形容一个内容，那就是春装比较轻巧，因此对这三个词语的翻译可以采用意译的方式，省去不必要的罗列。

5.音译法

一些源语文化中固有的物象在目的语文化中是完全不存在的，因此翻译时译者就会选择音译法，尤其是翻译那些特有的人名、地名、景观名等词汇时。事实上，音译法是在吸收外来语，这可以保存原文的“异国情调”。例如，狗不理包子在有些地方被翻译成“Dog won’t leave”（狗不会离开），这样的翻译让国人很不舒服。“狗不理”其实是一个品牌，因此在翻译的时候直接译成Goubuli Baozi即可。还有很多类似的情况亦可用音译法译之。例如：气功（Qigong）、叩头（kowtow）、功夫（Kungfu）、阴阳（Yin and Yang）、炕（kang）等。

第三章

中国民俗文化翻译理论与实践

中西方民族的节日、饮食、服饰、建筑各具特色，如中国传统服饰体现出保守的特点，而西方服饰则体现出开放的特点。在饮食方面，中国讲究色香味俱全，注重味蕾的体验，而西方饮食文化则比较重视营养的健全。本章就针对中国传统民俗文化英译展开探索。

第一节　节日文化翻译

一、中国传统节日文化

春节、元宵节、清明节、端午节、七夕节、中秋节、重阳节、腊八节是中国八大传统节日，其中春节、清明节、端午节和中秋节是我国的法定节假日。我们将着重介绍我国的八大传统节日。

农历正月初一是新一个农历年的开始，是中国的传统节日——春节。春节在我国有四千多年的历史，位居中国八大传统节日之首，是我国最热闹、最隆重的节日。

元宵节又称“上元节”，即农历正月十五。由于元宵有张灯、看灯的习俗，民间又习惯称为“灯节”。此外还有吃元宵、踩高跷、猜灯谜等风俗。

清明是我国的二十四节气之一，清明节是我国最重要的祭祀、祭祖和扫墓的日子。清明节又叫“踏青节”，古人有清明踏青、开展一系列体育活动的习俗。

农历五月初五为“端午节”，在民间有端午节饮雄黄酒，挂艾叶、香蒲，赛龙舟，吃粽子的习俗。

农历七月初七的晚上称“七夕”。七夕节是我国传统节日中最具浪漫色彩的一个节日，中国越来越多的情侣把“七夕”视为中国情人节。

农历八月十五日正当秋季的正中，故称“中秋”。这一天，人们都要吃月饼以示“团圆”。中秋节与春节、清明节、端午节并称为中国的四大传统节日。

农历九月初九为传统的重阳节，又称“老人节”。在民间有登高、佩茱萸、饮菊花酒的风俗。重阳节与除夕、清明节、中元节是中国传统节日里祭祖的四大节日。

腊月初八为传统的腊八节，喝腊八粥是全国各地老百姓最传统也是最讲究的习俗。传说释迦牟尼在这一天得道成佛，因此寺院每逢这一天都要煮粥供佛。

二、中西方节日文化差异

（一）假日（holiday）、节日（festival）、假期（vacation）和节假日

Holiday、festival和vacation这三个英语单词在表示假日或节日的时候意思有交叉重叠的地方，关于什么时候用哪一个词最合适，很多人并不清楚。这里我们介绍一下它们的用法和译法。

holiday和vacation在表示“休假”“外出度假”和“假期”时意思是一样的，差别在于holiday是英国用法，而vacation是美国用法。但holiday还可以表示“法定节假日”，而vacation无此含义。如果要表达某一机构里职员享受的带薪假则两词均可用。

上面讲的是holiday和vacation用法的异同，下面再来看一看holiday和festival用法的异同。holiday 在表达“节日”时含义比festival广泛，既可以指法定节日，又可以指宗教节日，但festival不能用于法定节日，通常是指宗教节日或传统节日，如春节（the Spring Festival）。

（二）“狂欢节”（carnival）和“嘉年华”

狂欢节在英文中被译作carnival。在欧美等西方国家，传统的狂欢节已成为人们的一个重要节日。

“狂欢节”（carnival），在我国被音译为“嘉年华”。这个优美的译名传入内地后，很快成为大型公众娱乐盛会的代名词，如书籍博览会或书籍嘉年华（a book carnival）、水上狂欢节（a water carnival）。但现在这个英语单词似乎大有被滥用的趋势，如“太妃糖嘉年华”“啤酒嘉年华”“花卉嘉年华”等，其实，这里“嘉年华”只是“节日”的一个时髦叫法，与原来狂欢的概念已经相差甚远了。①

下面是世界上几个著名的狂欢节：里约热内卢狂欢节（Rio Carnival）；威尼斯嘉年华（Carnival of Venice）；诺丁山嘉年华会（Notting Hill Carnival）。

（三）和春节有关的词汇

春节（the Spring Festival），是中国人最隆重的传统节日。春节的历史非常悠久，所以与春节有关的词汇也特别丰富。下面我们介绍一些和风俗习惯及饮食有关的词汇。

过年（celebrate the Spring Festival）；

春联（Spring Festival couplets）；

剪纸（paper-cuts）；

年画（Spring Festival pictures）；

买年货（do Spring Festival shopping）；

烟花（fireworks）；

爆竹（firecrackers）；

舞狮（lion dance）；

舞龙（dragon dance）；

杂耍（variety show，vaudeville）；

灯谜（riddles written on lanterns）；

灯会（lantern show）；

守岁（stay up late on new year eve）；

① 邵志洪.英汉对比翻译导论[M].上海：华东理工大学出版社，2010.

拜年（pay a New Year's all；New Year's greeting）;
祭祖（worship）;
压岁钱（Lucky money）;
年糕（lunar New Year cake）;
饺子（jiaozi）;
团圆饭（family reunion dinner）;
八宝饭（eight treasures rice pudding）;
元宵（lantern festival）。

三、中国节日文化翻译方法分析

每个国家都有自己的特别节日，有的是法定节日，有的是习俗节日。在中国，我们通常庆祝的国际节日和法定节日有下列这些。

元旦（Jan.1—New Year's Day）;
三八妇女节（Mar.8—Women's Day）;
五一劳动节（May.1—Labor Day）;
八一建军节（Aug.1—Army Day）;
教师节（Sep.10—Teachers' Day）;
国庆节（Oct.1—National Day）。

在习俗节日中，除了前面提到的春节，比较重要的还有元宵节、清明节、端午节、中秋节和重阳节。

把这些节日名称翻译成英语时，既要符合原意，又要便于理解。例如：

元宵节（Lantern Festival）;
清明节（Tomb Sweeping Day）;
端午节（Dragon Boat Festival）;
中秋节（Moon Festival）;
重阳节（the Double Ninth Day）。

节日来临的时候，人们总是想起自己的亲人和朋友，希望把最美好的祝愿送给自己所爱的人。下面是一些节日的祝福语，我们可以根据实际情况选择最合适的祝福语。

敬祝圣诞、新年快乐（Merry Christmas and a happy new year）。

愿圣诞佳节的喜悦，伴随您度过新的一年（May the joy of Christmas be with you throughout the year）。

祝您年年幸福平安，岁岁满目吉祥（May peace，happiness and good fortune be with you always）。

第二节　饮食文化翻译

一、中国传统饮食文化

（一）饮文化

与食文化相辅相伴的文化是饮文化，包括茶文化、可可文化、咖啡文化、酒文化等。我国本土主要是茶文化和酒文化。

1.茶文化

我国是茶的故乡，种茶、制茶、饮茶都起源于我国。

茶作饮料的最早文献记载是周武王伐纣后，巴蜀等西南小国曾将土产茶叶作为贡品献给武王，其事见《华阳国志》。考古发现公元前59年的西汉末叶王褒《僮约》中提到家仆既要在家里煮茶，又要去武阳茶市（今四川彭山县）买茶，反映了当时茶叶饮用买卖情景。三国两晋时，饮茶之风渐盛，文人以茶待客渐成风气。南北朝时，佛教兴盛，饮茶日益普及，人称“茶佛一味，和尚念经，往往靠喝茶提神，熬到天亮”。

唐初，饮茶之风更浓，出现了研究茶文化的专著——陆羽的《茶经》。书中对茶的起源、历史、栽培、采制、煮茶、用水、品饮等作了精湛的论述。这是我国乃至世界上的第一部茶书。陆羽后来被人们奉为“茶神”。当时的产茶区域遍布江浙、华南、华中地区，同今茶区略同，产量以江淮为最高，浮梁（江西）、湖州（浙江）为重要的茶叶集散地。唐中叶以降，北方饮茶普及，茶叶不再是士大夫阶层的享受品，成为普通百姓的日常饮料。不仅如此，饮茶之风远传西北、西南边疆及日本、东南亚诸国。

茶最初作为药用，仅以生叶煎服。后来将茶碾成细末，加上油膏、火粉之类的东西制成茶团或茶饼，饮用时捣碎放入瓷壶中煎煮，外加葱、姜、橘、盐等调料，成为半药半茶。宋代以后，饮茶直接用焙干的茶叶煎煮，不再外加调料，制成的名茶有：龙团茶、龙凤茶、石乳、白乳、玉液长春、万春银叶。明代发明炒青制茶，茶叶改为开水冲泡饮用，这是饮茶史的一大进步。

古人饮茶，既讲究茶叶品质，也讲究煎茶用的水质：山水为上，江水居中，井水最下。还讲究煮法：煮只可三沸，趁热连饮，冷饮则香味淡薄。茶具也十分考究，多使用瓷质的，上有盖，下有托，最著名者有邢州茶具、越州茶具，而帝王之家用金银茶具。

茶在古代不仅作为一种饮料，而且是缔结婚约、沟通和加深人与人之间关系的媒介。客来敬茶，客走送茶表示敬意，君子之交，如茶水芳香、清醇。以茶作为儿女订婚之礼在江南民间很是普及，女方接受男方的茶（聘礼）叫“受茶”。今天，我国西南一些地区仍然有以茶相亲的习惯。

2.酒文化

我国是世界上最早的酿酒国家之一。据考证，处在旧石器时代的山顶洞人曾有意识地将野果储存起来，利用自然发酵生成最原始的酒。新石器时代，先民曾有意识地将含糖的兽奶放到自然界中，经酵母菌等微生物作用发酵成奶酒。《周礼》中的“醴酪”，即乳制酒，这是奶酒的早期文献记载。随着农业的发展，出现了谷物酿酒，西汉刘安的《淮南子》载：“清盎之美，始于耒耜。”即谷物酒起源于农业，而大汶口文化中酒器的发现有力地证明了这一点，即酒的起源与农业起源是同步的。

晋代的江统著《酒诰》，其中有“酒之所兴，肇自上皇；或云仪狄，一曰杜康。有饭不尽，委余空桑；郁积成味，久蓄气芳；本出于此，不由奇方”。他认为酒源于上皇，可解释为三皇五帝时期，而所谓夏禹之臣仪狄、夏五世君主杜康（少康）发明酒之说史无考据。“不由奇方”，其见解精辟独到，事实上，酿酒方法的发明不可能由某个人一时发现，说仪狄或杜康都是酿酒大师或许更符合实际一些。

酒曲的产生是和谷物酿酒同时发现的。《尚书》载:“若作酒醴，尔惟曲糵。”说明殷商时代已能熟练地利用曲糵酿酒，这是关于酒曲的最早文献记录。周代以降，曲种不断增加，制曲新法也不断发明。西汉时，从散曲发展到饼曲，是酒曲发展史上的里程碑，而九酿酒法是酿酒技术的飞跃，开近代霉菌深层培养法之先河。晋代嵇含的《南方草木状》记载有制曲时加入草药的制曲新法，成为药酒酿造的开山。南北朝时，又出现了红曲，这是我国制曲技术的又一巨大成就，在世界食品微生物发酵史上占有重要位置，开了用微生物发酵法制造食用色素之先河。

我国古代的酒多种多样，按颜色分为黄酒、红酒、绿酒、白酒，还有琥珀色、黛漆色的；按原料分，有五谷杂粮酒、水果酒、芳香植物酒、药用植物酒等。五千年的酒史，名酒辈出，黄酒类有绍兴酒、沉缸酒（即墨老酒）等；白酒类有茅台酒、汾酒、宝丰酒等；水果酒类有葡萄酒、广柑酒、红橘酒等；露酒类有竹叶青、五加皮、桂花酒等；药酒类有虎骨酒、三蛇酒、灵芝酒等。

神州处处酒飘香，饮酒习俗自古蔚然成风。“新丰美酒斗十千，咸阳游侠多少年。相逢意气为君饮，系马高楼垂柳边。”（王维《少年行》）反映了古代京畿人民豪爽的饮酒风习。朝廷祭礼举行饮酒仪式，出师祝捷有饮酒仪式；民间红白喜事要摆酒宴，传统节日要饮酒，平时迎宾会友亦设席劝酒。李白赞叹“自古圣贤皆寂寞，惟有饮者留其名”，我们应将其理解为对仗义豪爽的礼赞，而不是对嗜酒的称颂。

总之，古代的中国，从帝王将相、士大夫阶层到文人隐士、庶民百姓，从人口众多的汉族到周边各民族地区，到处都用美酒表达人们的热情与豪爽。酒文化是中华优秀传统文化的重要组成部分。

（二）食文化

人们的食生活大致有两种状态：一种是自然饮食状态，另一种是调制饮食状态。在我国先秦史籍中，用“茹毛饮血”来描写上古人类的采集渔猎生活，这其实反映了原始先民正处在自然饮食状态之中，经过漫长的采集渔猎生活的积累，先民们终于发现了自然火以及被火烧得喷香鲜美的食物，也学会了用火烧烤动植物。从饮食角度来说，火的发现和利用使人类从生食进入到熟食，标志着人类进入了调制饮食的阶段。熟食的出现是食文化习俗的真正开端，随着生产发展和社会进步，食文化也从仅仅为满足人们的生存需要，逐渐成为一种社会习俗，构成我国传统文化的一个重要组成部分。下面主要就我国的传统食特色、食品和菜系作概括介绍。

1.传统食特色

我国主体民族即汉族的传统饮食习俗，从结构内容上来说，是以植物性食料为主。主食是五谷，辅食是豆类、蔬菜，外加少量肉食，形成这一习俗的主要原因是中原地区以农业生产为主的经济生产方式。对于以畜牧业为主的少数民族来说，则是以肉食为主，但在不同的社会阶层中，饮食对象是有很大差别的。

另外，以热食、熟食为主，这与我国文明开化较早和烹调技术的发达有关。我国的饮食历来以食谱广泛、烹调精致而闻名于世。南朝梁武帝萧衍的厨师，一个瓜能做出几十个式样，一种菜能做出几十种味道，其烹饪技艺之高令人惊叹。使用筷子也是饮食习俗的一大特色，原始人进食时，最初只用手抓、撕，至少在殷商时代，我国已经使用筷子进食。

2.传统米面食品

我国的主食经历了从粒食发展到粉食的过程。先秦时期，人们吃主粮的种子，讲究去掉谷粒的外皮。汉代以降，发明了与近代民间相近的磨，粉食逐渐发展起来。

饭和粥历来是我国人民的主食。传说黄帝时“始蒸谷为饭，煮谷为粥”。从仰韶文化、龙山文化遗址中也发现有蒸煮饭粥的灶鬲、甑等，证明先民五六千年前已能煮粥蒸饭了。古代饭粥基本可为两类：一类是单一谷物制成的；另一类是多种谷物与果蔬肉类等原料合在一起制成的，如唐代的团油饭，宋代的蟠桃饭和腊八粥等。

粽子也是古人喜食的米制品。粽子又称“角黍”，端午吃粽子以纪念伟大的爱国诗人屈原。南北朝时，夏至这天也吃粽子。粽子用粽叶，把黏米、枣及其他佐料杂合在一起，包扎成角状煮食，芳香可口。

各类谷粒还可制成糕。《楚辞·招魂》载：“粔籹蜜饵，捣黍做饵，用蜜调制做糕。”这是我国见于文字记载最早的糕。有名的还有榆钱糕、重阳糕、太阳糕、高丽栗糕、乳糕、糖糕、肉丝糕等。

古人所食的粉制品主要是以面粉为原料，用蒸煮烤炸等方法加工成饼（古代面食的总称）。汉时，吃饼习俗兴起，魏晋后极盛。饼的花样很多，大致有如下几类：一是蒸制的，叫蒸饼。开始是死面的，不发酵，汉时以酒或酒糟发酵做起面饼，最常见的是“馒头”。馒头本是北方的一个馅食品种，宋代称为包子，没有馅的饼称馒头。二是煮制的，叫汤饼，古时面条叫索饼。南北朝时，有韭叶面、棋子面（今疙瘩面）；宋有切成细条的汤面称“索面”或“湿面”；元代已将面条加工成挂面。两千多年来，面条一直是人们的家常便饭。馄饨最早出现在三国，同今天的饺子形，唐代的饺子和今天的完全相同。三是放在火上烤或烙的饼类，叫炉饼。撒上芝麻的叫麻饼，汉代叫“胡饼”。汉时还有“髓饼”，以髓脂、蜜和面而成。烧饼加馅后便成了馅饼，具代表性的是月饼，南宋时较为盛行。四是炸制的，通常叫油饼。炸，即把饼放在油里煎。“蝎饼”是把饼做成蝎子形油炸而成；“油条”最初叫“油炸桧”，系人们痛恨秦桧之举，形状同今天的油炸麻花。

3.传统的豆制食品

先秦时代，菽曾经是人们的主食，主要有豆粥、豆饭。西汉中叶广种小麦后，豆食品逐渐退其次。豆豉是战国时期发明的，《楚辞》载“大苦咸酸”中的“大苦”就是豆豉。据传豆腐是淮南王刘安总结发明的，东汉时有所改进。河南省密县打虎亭一号东汉墓中画像石描绘的一幅豆腐作坊图，是迄今所见最早的豆腐作坊图，上面有浸豆、磨豆、过滤、点浆、镇压等场面，表明东汉时期我国的豆腐制作技术已十分成熟，而这项技术发明之初提前至淮南王所处的西汉前期文景时期，当是毋庸置疑的。豆酱油的发明仅次于发明豆腐的时间，《齐民要术》有详细记载。唐代以降，发明了豆油、豆芽，同时还有加工成豆团、豆饼、豆糕的，进一步丰富了豆食文化。

4.传统菜系

在我国菜肴中，由民间风味发展起来的不下两千种，品种之繁多，口味之精美，可谓世界之最。著名的菜系有：闽菜、川菜、粤菜、京菜、鲁菜、苏菜、湘菜、徽菜、鄂菜等。不少菜系都融合了很多不同地方和民族的菜肴特色，如北京菜就是融合了满蒙回汉菜肴发展起来的。一个主要菜系往往要派生出几个分支，如粤菜即有广州、潮州和东江等几种地方菜。为什么晋豫陕菜榜上无名？一是由于这些地区菜肴具东西南北风味，个性不突出；二是由于历史上三次中原民族迁移过程中，该区迁入五胡，生活习俗多元化。

粤菜的显著特色是用料广泛，其著名菜肴有蛇餐、龙虎斗；苏菜以烹调鱼菜为名；鄂菜以武昌鱼为代表；徽菜中的马蹄鳖是著名的甲鱼菜肴；闽菜系中的福州菜，突出特色是糟法，它的炮糟、爆糟、炸糟，配合主料都可称为名菜；鲁菜中的糖醋鱼是其名菜；京菜是融合北方各民族的菜系，全羊席是著名佳肴，小吃如爆羊肚，大餐如烤羊肉、涮羊肉都是闻名遐迩的菜肴。

二、中西方饮食文化差异

（一）中国饮食结构及烹饪

中国的饮食文化丰富多彩、博大精深，烹饪技术更是独领风骚，风靡世界。了解中国饮食的结构与烹饪是做好饮食文化翻译的必备条件。

1.饮食结构

中国物产丰富，从而造就了中国人民丰富的饮食内容与结构。通常而言，我国用以烹制菜肴的原料主要分为以下六种类别。

（1）瓜果类。瓜果类的种类非常丰富，包括瓜类食品如黄瓜、丝瓜、冬瓜、南瓜、西瓜、甜瓜等，能制作干鲜果品的枣、核桃、栗、莲子、松子、瓜子、椰子、槟榔等，还包括多种果、核、壳类食料，如苹果、葡萄、柑橘、菠萝、香蕉、桃、李、梅、杏、梨、石榴、柿子、荔枝等。

（2）蛋乳类。这类食料是指由家禽派生出来的蛋类和乳类，如鸡蛋、鸭蛋、牛奶等。

（3）蔬菜类。蔬菜类可分为两种：一种是可食用的野菜，另一种是人工栽培的各种可食用的青菜。就目前而言，人工栽培的各种可食用的青菜是人们主要的菜肴原材料。蔬菜的种类广泛，既包括白菜、菠菜、韭菜、芹菜等茎叶蔬菜，也包括土豆、甘薯、萝卜、莲藕等块根、块茎的蔬菜，还包括蘑菇、木耳等菇类蔬菜、番茄类和笋类蔬菜，以及葱、蒜等。

（4）油脂类。主要指由家禽和鱼类提供的脂肪以及植物种子榨取而来的可食用油。

（5）调味类。主要指各种调料，如姜、辣椒、花椒、桂皮、芥末、胡椒、茴香、盐、糖、醋、酱油、味精、鸡精、料酒等。

（6）鱼肉类。鱼肉类作为菜食原料是对古食俗的传承，主要包括家畜（猪、牛、羊）、家禽（鸡、鸭、鹅）的肉以及大部分内脏，也包括野兽以及野禽的肉（受保护的珍禽野兽除外），还包括水产中的鱼、虾、蟹等。

在中国人的饮食结构中，素食是主要的日常食品，即以五谷（粟、豆、麻、麦、稻）为主食，以蔬菜为辅，再加少许肉类。

除了以素食为主外，中国人还喜欢热食、熟食。在中国人的餐桌上，只有开始的几道小菜是冷食，随后的主菜多是热食、熟食。在中国人看来，热食、熟食要比冷食更有味道，中国人对热食、熟食的偏好与华夏文明开化较早和烹调技术的发达有很大关系。

2.常用烹饪技术

中国饮食制作精细，烹饪方法多种多样。如果把上述六种食料用不同的方法烹饪，可以做出成千上万种不同风味的菜肴。以下我们主要介绍一些中国饮食的烹饪技术。

（1）精细的刀工。加工食料的第一道工序是用刀，用刀要讲究方法和技巧，也就是刀工。日常的刀工主要有以下几种。

切、削（cutting）；切片（slice up）鱼片（fillet）；切丝（shredding）肉丝（shredded pork）；切丁（dicing）；切柳（filleting）；切碎（mincing）；剁末（mashing）；去皮（skinning/peeling）；去骨（boning）；刮鳞（scaling）；去壳（shelling）；刻、雕（carving）。

（2）各种烹调方法。中国的菜肴烹调方法有50多种，但常用的主要有以下几种。

炒（stir frying）。这是最主要的烹调方法，如韭菜炒鸡蛋可译为Scrambled eggs。

爆（burst）。这种方法与煎大致相同，但所放入的油更少，火更大，烹饪时间更短。

煎（fry in shallow oil）。这种方法就是在锅内放少许的食用油，等油达到一定的温度后将菜料放入锅内煎烹。

炸（deep frying）。这一方法就是在锅内放入更多的油，等到油煮沸后将菜料放入锅中进行煎煮，经过炸煮的食物一般比较香酥松脆。

烧（braising）。这也是烹调中式菜肴时最常用的一种方法。所谓烧，就是在锅内放入少量的食用油，等到油达到一定的温度后，放入菜料和作料，盖上锅盖进行烹煮。比如，红烧鱼可译为Braised Fish with Brown Sauce。

蒸（steaming）。这种方法操作如下：将用配料以及调料调制好的菜料放在碗或碟内，再将其放入锅中或蒸笼中隔水煮。例如，清蒸草鱼可译为Steamed Grass Carp。

煮（boiling）。这种方法是指在锅内放入一定量的水、作料，在文火上烧。例如，煮鸡蛋可译为Boiling an Egg。

炖、煨、焖、煲（simmering/stewing）。这种方法操作如下：将材料放在水或汤中，用文火慢慢加热熬煮。

白灼（scalding）。这种烹调制法的操作如下：将食物放在沸水中烫煮，然后取出来放作料拌制或用热锅炒制。这种方法通常用于烹制海鲜食品。

烘、烤（grilling/roasting）。烤是指将菜料放在火上或火旁烧烤；烘是指将菜料放在铁板架子上或密封的烘炉里烘，食物不与火直接接触。

熏（fumigate）。这种烹调制法是指将宰杀的家禽或野味，用调料或香料调制好以后，将其用特殊的树木柴火进行熏烤，经这种方法烹制的菜肴往往风味独特。

（二）西方饮食结构及烹饪

西方饮食文化精巧科学、自成体系，西方烹饪过程属于技术型，讲究原料配比的精准性以及烹制过程的规范化。比如，人们在制作西餐时对各种原料的配比往往要精确到克，而且很多欧美家庭的厨房都会有量杯、天平等，用以衡量各种原料重量与比例。食物制作方法的规范化特点体现为原料的配制比例以及烹制的时间控制。比如，肯德基炸鸡的制作过程就是严格按照要求进行的，原料的重量该多少就是多少，炸鸡的时间也要按照规定严格地操控。鸡块放入油锅后，15秒左右往左翻一下，24秒左右再往右翻一下，还要通过掐表来确定油炸的温度和炸鸡的时间。

相比较中国人的饮食原料，西方人的饮食原料极其单一，只是几种简单的果蔬、肉食。西方人崇尚简约，注重实用性，因而他们不会在原料搭配上花费太多的精力与时间。西方人只是简单地将这些原料配制成菜肴，如各种果蔬混合而成的蔬菜沙拉或水果沙拉；肉类原料一般都是大块烹制，如人们在感恩节烹制的火鸡；豆类食物也只经白水煮后直接食用。

相对于中餐而言，西餐文化更讲究营养价值，他们看重的是菜的主料、配料以及烹饪方法。西餐的菜品主要有以下几种。

（1）开胃品。西餐的第一道菜是开胃品，一般分为冷品和热品，味道以咸、酸为主，数量较少，质量较高。常见的开胃品有鱼子酱、奶油制品等。

（2）汤。汤是西餐的第二道菜，大致可以分为四类：清汤、蔬菜汤、奶油汤和冷汤。

（3）副菜。副菜一般是鱼类菜肴，是西餐的第三道菜。水产类菜肴与面包类、蛋类菜肴等都可以作为副菜。鱼肉类菜肴之所以放在肉、禽类菜肴的前面作为副菜，其主要原因在于这类菜肴比较容易消化。西方人吃鱼往往使用专用的调味汁，如白奶油汁、荷兰汁等。

（4）主菜。主菜通常是肉、禽类菜肴，是西餐的第四道菜。肉类菜肴主要取自牛、羊、猪等，牛排或者牛肉在西餐中最具代表性。肉类菜肴的主要调味汁有蘑菇汁、奶油汁、浓烧汁精、西班牙汁等。禽类菜肴主要取自鸡、鸭、鹅等，烹制方法有烤、焖、蒸、煮，通常用咖喱汁、奶油汁、黄肉汁等作为主要的调味汁。

（5）蔬菜类菜肴。在肉类菜肴之后是蔬菜类菜肴，有时可以作为配菜和肉类一起上桌。西餐中的蔬菜类菜肴以生蔬菜沙拉为主，如用生菜、黄瓜、西红柿等制作的沙拉。

（6）甜点。西方人习惯在主菜之后食用一些小甜点，俗称饭后甜点。实际上，主菜后的食物都可以称为饭后甜点，如冰激凌、布丁、奶酪、水果、煎饼等。

（7）咖啡、茶。咖啡或茶是西餐的最后一道菜，西方人喝咖啡通常会加糖和淡奶油，喝茶一般加糖或者香桃片。

虽然中西方饮食文化存在着差异，但是随着中西方文化交流的进一步加深，中西方饮食文化也逐渐相互融合。现在的中餐已经开始注重食物的营养性、搭配的合理性以及烹饪的科学性，西餐也开始向中餐的色、香、味、意、形的境界发展。

三、中国饮食文化翻译方法分析

（一）烹调前准备工作的英译

在描述过程之前，我们需要先了解以下方法的英译。在准备用料的时候，我们经常会碰到要剔骨剥壳、去皮除鳞，英译分别为：剔骨（boning）、剥壳（shelling）、去皮（skinning）、除鳞（scaling）。比如，虾仁就是shelled shrimp，去皮蹄膀就是skinned leg of pork。再者，有的原料需要水发，有的需要腌制，咸菜可以译成salted vegetables，腌猪肉可以译成corned pork。

（二）菜名的英译

在与外国朋友交谈的时候，我们喜欢在介绍物品通用的名称之余，不失时机地解释那些名字在中文里的含义以及它们体现出来的文化特征。我们经常看到外国朋友脸上惊异的表情，听到他们由衷地赞叹。其实，中国人的这种浪漫与诗意体现在生活的各个方面，即使是平常如一日三餐也可管中窥豹。比如，我们喜欢在命名菜肴的时候用数字，在翻译菜名的时候我们可不能小看了它们，以为只要把它们译成相应的数字就完了，要具体情况具体分析。[①]

菜名里如果包含二、三、四、六这几个数字的往往为实指，可以根据字面意思直译。例如，珠玉二宝粥可以直译成Pearl and Jade Two Treasures Porridge。其实，这个“珠”指薏米，也就是the seed of Job's-tears，而“玉”指山药，即Chinese yam，薏米和山药经过水煮，莹白透亮，形色如珍珠、白玉，故名“珠玉二宝粥”。也可以直接翻译所用材料，让外国朋友一目了然：The Seed of Job's-tears and Chinese，Yam Porridge。菜谱上以译成前者为宜，可以引发联想，唤起食欲，但是为了避免外国朋友如坠云里雾里，我们可以在括号里注明原料。又如，红油三丝可译为Three Shreds in Spicy oil，然后在括号里注明是哪三丝。四喜鱼卷可译为Four Happiness Fish Rolls，因为每组鱼卷中四个不同颜色的小卷分别代表古人说的人生四喜，即“久旱逢甘霖，他乡遇故知，洞房花烛夜，金榜题名时”，而六素鸡腿则可以译成Drumsticks Cooked with Six Vegetables，三鲜汤可以译成Three Delicacies Soup。

然而，碰到下面这种情况又当别论。例如二冬烧扁豆。“二冬”分别指冬笋和冬菇，我们总不能译成Cooked Haricot with Two Winters。这里还是点明“二冬”的含义为佳，建议译为Cooked Haricot with Winter Bamboo Shoots and Dried Mushrooms。又如，“双耳汤”应该译成Soup of Black fungus and Tremella，如果直译成Two Ears Soup反而费解。

中华饮食博大精深、源远流长，于不经意间折射出来的文化精粹如散落于山间溪流的碎钻，闪耀着迷人的光华。中国文化恰似一张太极图，其精粹便在于虚实结合，而且往往虚的部分比实的部分更传神，因为它留给观众更多的想象空间。例如，菜名中的虚指数字并不意味着那个数字确切表示的数

① 冯庆华.翻译365[M].北京：人民教育出版社，2006.

量，而是一个约数，或是文化名词的一部分。

中国文化中经常用虚指数字，一般用三、五、八、九、十来表示多或程度高，如三番五次、八辈子、九牛一毛、十全十美。因此，五香并不一定指五种香味，八宝并不一定就是八种原料。翻译的时候可以采取灵活译法，不必拘泥于字面数字。五香牛肉可以译成Spiced Beef，八宝粥可以译成Mixed cereal Porridge，九转大肠可以译成Trouble taking Intestines，十全大补汤可以译成Nutritious Soup with Mixed Herbs。

如果数字为文化名词的一部分，则翻译时以传达文化含义为主。例如，鲁菜中的一品锅、闽菜中的七星丸等。我们细讲一下七星丸的来历据说秦始皇统一六国之后，生活日渐奢靡，对为他准备的食物经常挑三拣四，他的厨子们为此惶惶不可终日。一日他点名要吃鱼，厨子在准备的时候误把鱼肉切下来一块，无计可施，只好把鱼剁碎，和上各种调料，放入锅内。没想到秦始皇尝过之后龙颜大悦，拍案叫好。这道菜烧好之后汤清如镜，汤面上浮着的鱼丸如满天星斗，于是就用天上极具代表性的星座北斗七星来命名，所以这个汤就被称为“七星丸”，并流传至今。因此，翻译时用意译为好，可以译为Starry Night Fish-ball Soup。

第三节　服饰文化翻译

一、中国传统服饰文化

中国服饰文化不仅是中国人民所特有的劳动成果，更是中华民族的民族象征，是中国文化体系的一种重要艺术形式。我国服饰文化的历史可以追溯至原始社会旧石器时代晚期的山顶洞人时代。而在服饰起源的那时起，人们就将其生活习俗、审美情趣、色彩爱好以及种种文化心态、宗教观念都沉淀于服饰之中，构筑成了中国服饰文化的精神文明内涵。同时，在中国对外开放的过程中，中国服饰文化也在与西方文化碰撞的过程中，展现出了新的表现形式。

中国传统衣着的一大显著特点在于它不仅表现出外在的典雅，而且具有内在的象征意义。每一件传统服装都传递出其自身所具有的内在活力感。

中国的传统服装对暗色调的偏好程度要大于亮色调，因此礼服的主色调往往采用暗色调。

自从1911年辛亥革命以来，外套便产生了巨大的变化。1912年，当时政府规定了男子和女子的正式着装制度。男子可以穿着礼服和常服。礼服又包括午服和晚礼服，二者均包括黑色衣服、裤子以及领结。常服则包括西式和中式两种，中式即长袍、马褂。妇女所穿着的正式服装则带领子而且长至膝盖，并在前侧下方缀有纽扣。裙子上配有装饰镜板，同时两侧均缝有褶皱，两端则采用打结式样。

在近现代，中国的时装设计师运用了各种传统和现代理念来创造出新的时装。这些新式时装还加入了古老的图案，如守护神、狮子以及中国京剧人物所使用的脸谱。服装上还印上、织上或缝上中国青铜器的图案，某些独特的设计图案包括龙、凤、云以及闪电，传统中国画中的图案也被编织或印在时装设计中。

为了装饰衣服的肩部、胸衣、口袋、缝合线、开口，以及腰带、头饰、项链，采用了诸如流苏等许多装饰品。有许多例子成功地将现代和传统的时装要素融合在一起，其中有现代化的新娘冠饰，它采用了宋朝的设计和湖南风格的刺绣饰带，并且色调使用了传统的大红色、蓝色以及绿色。从这些例子可以看出，传统的中国服饰乃是现代时装的基础。但是中国人也采用了许多西式的服装，如商务套装和牛仔。

（一）服装形制

我国传统服装有两种基本形制，即上衣下裳制和衣裳连属制，两种形制服装曾经交相使用、兼容并蓄。

上衣下裳的服制，即上身有衣，下身有裳。《释名·释衣服》载："凡服上曰衣。衣，依也，人所依以庇寒暑也。下曰裳。裳，障也，所以自障蔽也。”相传这种服制起于黄帝，《易・系辞下》载：“黄帝垂衣裳而天下治”。在甘肃出土的彩陶文化的陶绘中，就有这种上衣下裳的服饰，可与传说相印证。这是我国最早的衣裳制度的基本形式，对后世的服饰形制有很大影响。

衣裳连属制的雏形也见于原始时期，古称“深衣”，《礼记・深衣》载：“名曰深衣者，谓连衣裳而纯之以采者。”它的用途很广，《礼记・深衣》篇载：“可以为文，可以为武，可以摈相，可以治军旅。”深衣形制对后代服饰有很大影响，汉时的命妇以此为礼服，古代的衫、袍等都采用这种衣裳连属制，甚至今天的连衣裙也是古代深衣制的沿革。

（二）冠制

冠制是我国服饰制度中的一个重要组成部分。随着衣裳的产生，冠帽也产生了。《后汉书・舆服志》载：“上古衣毛而冒皮。”即利用兽皮缝合成帽形加之于头上。束发习俗形成后，又从束发器的形式中产生了冠。考古资料表明，商代的冠形通常作帽箍式，基本形式与早期束发器相同。冠和帽的区别在于：冠只罩住发髻，帽则覆盖整个头顶。冠产生后，冠帽之间有了贵贱等级之分，贫贱而无身份的人不准戴冠。周代冠的形制有冕、弁两种。冕的基本形制是冠上加一木板，前后有垂旒，旒以玉珠穿成。天子最尊贵的衮冕是十二旒，等级最低的大夫玄冕仅二旒。周以降，冕被历代沿用，直至清末。弁仅次于冕，其形如覆杯，自天子至士在一般场合所用。古人戴冠讲究与衣服配合，因此冠服常常连称。

（三）首饰

古时所谓首饰，只是指头上所插之饰物，基本上是簪、钗、珠翠及梳。簪，一头尖，一头粗，嵌珠饰银，描龙塑凤，先秦时称笄，汉以后称簪，初用竹做，后发展为以骨、象牙、银甚至金为原料。钗如簪，只是尖的一头分两股叉，便于叉住发髻，钗头多做成凤形。珠翠在周朝已兴，相传为文王所立，称为步摇或珠滴，指饰有珍珠、玳瑁等花朵铃铛垂饰物的簪钗。梳最初为装饰物，其上缀花嵌珠，煞是好看。汉代妆梳呈马蹄形，宋以降呈扁月形，可单插，也可一上一下对插，头发梳有两髻，髻后多处缀梳。

耳上、臂上、指上所戴饰物分别称珥瑙、钏镯、指环。珥，以玉充耳，又称充耳，“不欲使人妄听，自镇重也”（《释名·释首饰》），而穿悬珠的风俗则是从少数民族中传入。钏镯意同，戴于妇女手腕、臂上。指环在夏商周三代已产生，开始用于宫廷妇女，后流传民间，以为定情信物，一般戴于中指。

在封建社会里，首饰是地位的标志。凡庶民，首饰不得涂金，也不得用宝石珍珠；士大夫之妻，只能用象牙及玉；诸侯、封爵以上方可用金银；命妇以上才可制大型花簪，称为“花树”，按级别分为五树、七树、九树；而皇后、贵妃用的“花树”则演化为“冠”，最为尊贵，所谓凤冠。

（四）鞋

古代的鞋主要有如下几种。

（1）舄，一种浅口鞋，草制的称屦，帛制的称履，麻制的称鞋，木做底的称舄等。其中，舄是最上等的，为贵族享用。

（2）屐是一种木头鞋，最早作为雨具用，有平底和装齿两种，后传至日本。东晋时谢灵运发明了一种旅行鞋，人称“谢公屐”，上山齿在后，下山齿在前，翻山越岭，如履平地。

（3）靴，皮制，本为游牧生活的鞋制。战国时期，赵武灵王学习胡服骑射，靴方传入中原。早期汉族穿长服深衣，驾两马一车，作战往往比不上单骑胡服反应敏捷，战斗力不强。因此，赵武灵王学习胡人的生活方式，单骑、穿皮制长靴、紧身衣裤，大大提高了战斗力，成了战国七雄中与秦国比肩的国家。

我国古代服饰制度复杂多样，官有官服，民有民衣，男女不同，四季各异，历代沿革变化较大。其中，唐代服饰以款式风雅、色泽鲜丽美观、尽显人之魅力而著称于世。

二、中西服饰文化差异

（一）服饰材料的差异

中国的丝绸世界闻名，因此，中国的服饰材料很多都是使用丝绸制作而成的。另外，中国的服饰材料还可以使用棉、麻等，简言之，中国服饰的选材是十分丰富的。

西方社会在服饰选材上倾向于使用亚麻布，其原因在于西方很多国家都盛产亚麻，这种材料十分普及，人们倾向于使用这种材料制作衣服。另外，西方国家倡导个人主义，希望通过自己的奋斗来实现人生的价值，而这种信念与亚麻布是贴合的，人们通过穿亚麻布的衣服进行个人奋斗，从而实现人生价值。

（二）服饰图案的差异

中西方民族都拥有悠久的历史，在不同的历史时期人们所穿服饰上的图案是不同的。在西方社会，文艺复兴之前，人们往往使用花草图案作为衣服的服饰，但随着历史的发展，人们对服饰上的图案又有了新的认知与改变。

同样，在中国古代，人们都喜欢在绸缎上绣上丰富的图案，如喜鹊登梅、鹤鹿同春、凤穿牡丹，用这些图案来表达一种对生活的美好向往。

三、中国服饰文化翻译方法分析

服饰不仅是一种物质文明，而且还是一个民族的精神面貌、审美情趣以及文化素养的综合体现。经过历史的沉淀，中西方服饰文化形成了各自的风格与特质。

(一)直译法

直译法是将服饰名进行直接翻译。例如:

官服(official uniform);

按品大妆(dress up according to their rank);

朝服(court robe);

长裙短袄(long skirt and short jacket);

皇冠(Crown);

自然美(Natural Beauty)。

如果服饰的意义和其中蕴含的意象在中西文化中具有相同或相近的含义,直译无疑是最直接而简要的翻译方法。如果因为文化背景的差异,译文在英语语言文化中容易引起读者的反感,则应避免用直译。例如,“船”牌床单,直译为Junk并不妥,因为Junk除了有“帆船”之义,还具有“废品”“假冒货”等词义。

(二)释义法

汉民族中许多独特的民族服饰在英语中无法找到对应的词汇进行翻译,即在翻译中出现了“词汇空缺”。出现这种情况,翻译时我们多采用释义法进行表述。比如,中国是丝绸之乡,古代纺织业非常发达,由此也产生了许多丝绸的同义词,而在英语语言中除了“缎”有对应的词“satin”,其余的都无法找到对应的词汇。例如:

绡(生丝)(raw silk);

缟(一种白色的绢)(a thin white silk used in ancient China);

罗(质地稀疏的丝织品)(a kind of silk gauze);

绫(像缎但比缎薄的丝绸)(a silk fabric resembling satin but thinner);

绢(质地薄而坚韧的丝织品)(thin, tough silk);

缎(质地较厚,一面光滑有光泽的丝织品)(satin)。

（三）意译法

许多服饰的描写，其目的并不是要告诉读者这些人物的穿戴，而是要体现人物的特征和地位。服饰在某种意义上是一种借代，用特定的穿戴来传达人物的身份，描写人物的性格等特征。这一类服饰大多可采用意译法。以下以《红楼梦》中的一些服饰英译为例加以说明。

貂蝉满座（曹雪芹《红楼梦》）（...in starched official hats trimmed with sable waiting their turn）（David Hawks 译）

“貂蝉”是装饰着貂尾和蝉的貂蝉冠，代表官爵高的人。

明清时代，裙子其实都是展开的一块布，只在出门穿的，内有裤衬，上下均有带系。宫绦便是宫廷所造或仿宫样织造的丝带和丝绳。妇女常在腰间所系绦带的末端打结或挂佩以压裙幅。double red jade pendants对“双衡比目玫瑰佩”进行了清晰的描述，pea green tassels（豆绿宫绦）也简洁明白。《红楼梦》中其他服饰意译的还有：褂（在棉袄和裙子外穿的一种长至膝盖下方的宽大长外衣）大红羽缎对襟褂子（Chinese-style unlined garment，gown）；既有杨宪益译（a crimson camlet cloak which buttoned in front），也有霍克斯译（a greatcoat of red camlet over her dress）；玫瑰紫二色金银鼠比肩褂（a rose red sleeveless jacket lined with brown-and -snow weasel fur）。

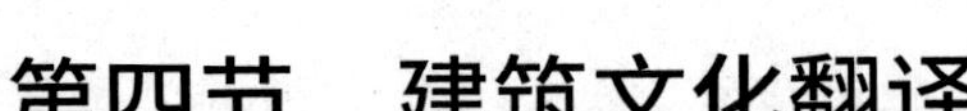

第四节 建筑文化翻译

一、中西方建筑文化差异

（一）价值取向对比

1.中国建筑推崇宫室本位

在中国古代社会，人们对大自然产生的是一种敬畏之情，这种精神尤其体现在畏天方面。为了表达对大自然的敬畏，人们特别喜欢筑坛植树。后来，在这一传统思想的影响下，人们修建了很多寺庙、道观等建筑，体现了中国宫殿建筑的一种精神。中国建筑的主流思想就是宫室本位，为了体现皇权的至高无上，古代皇帝为百姓灌输奉天承运的顺从思想，天子享受着无上的尊严，对臣子具有生杀予夺的权力，并且对世界上的万事万物都要负责。

2.西方建筑推崇宗室本位

在西方社会中，由于人们的宗教观念深入人心，因而在建筑层面主要体现的是宗室本位思想。教堂是神圣不可侵犯的，是人们精神的一种代表。西方社会中很多哥特式教堂体现出灵动、奔放的特点，利用空间推移、直接的线条以及色彩斑斓的光线，为人们营造了一种“非人间”的境界，让人产生一种神秘之感。

（二）形态层次对比

1.中国建筑讲究对称、注重秀丽

中国社会历来追求和谐的生态理念，这种理念在建筑上的体现就是对称之美。人们在建筑中往往使用中轴线的设计思路，从而让建筑体现出一种对称的恢宏之美。在中轴线旁边，人们会建造一些次要的建筑，形成一种对称的局面。从深层次上而言，中国的这种建筑审美风格体现了中国的政治文化、君臣文化，是中国古代中庸、和谐、保守思想的一种体现。在一定的空间范围内，中国建筑会将某一个建筑作为中心，运用一定的对称思路向两边拓展，进而对这些建筑的功能进行定位，最终形成一种完整的建筑体系。

2.西方建筑讲究追求形式、注重几何

在西方国家，建筑的精神主要体现在灵活多样、追求形式美等方面。西方人注重建筑的外在美，建筑师喜欢使用几何图形，突出建筑的壮观与大气。虽然西方历史上不同阶段的建筑特色不同，但每个阶段都有每个阶段的特点。人们可以明确区分哥特式建筑、巴洛克式建筑。由此可知，西方建筑文化的特点是理性的，并且在一定程度上体现了数理文化的内容。

二、中国建筑文化翻译方法分析

（一）砖是砖，瓦是瓦

许多人学英语，总认为英语单词是和汉语字词相对应的，而且是一一对应关系，如“天”就是sky，“地”就是earth，然而，并不是两种语言对事物的指称都像“天”“地”这样完全吻合的。

有人误认为，同汉语“砖”“瓦”有别一样，英语也相应地各有brick和tile两个词分别指砖、瓦。然而，事情并没有这么简单。也有英语中称作tiles而汉语却不称“瓦”而照样称“砖”的。比如，《汉英词典》告诉我们：“瓷砖”是ceramic tile或glazed tile，“琉璃瓦”是glazed tile。“瓷砖”的英语确属tile而不属brick；“琉璃瓦”为tile之属而非brick之类，也是语言事实。至于glazed tile也的确兼指“瓷砖”或“琉璃瓦”。

由此可见，英语的brick并不是对应汉语中的“砖”，brick一般指的是黏土块烘烧而成的“砖”，如 a house made of red bricks指的是“红砖砌成的房子”；其他的“砖”如“瓷砖”“地砖”“贴砖”等都属于tile，如 tile floor是指（砖地）等。至于汉语的“瓦”基本上都是tile，如 acoustical tile是指“隔音瓦”、asbestic tile是指“石棉瓦”。tile既是“瓦”，又是某些“砖”。

（二）拙政园

苏州园林是中国建筑史流光溢彩的一章，拥有不少闻名遐迩的古迹名胜，不妨先罗列一下。

拙政园（The Humble Administrator's Garden）；

留园（The Lingering Garden）；

环秀山庄（The Mountain Villa with Embracing Beauty）；

狮子林（The Lion Forest Garden）；

网师园（The Master-of-Nets Garden）；

沧浪亭（The Surging Waves Pavilion）。

其他名胜的英语译名多半没有什么纷争，唯有拙政园在当年美国的《生活》等杂志上还引起过一场不小的笔墨官司。拙政园乃明嘉靖御史王献臣所建，是我国古代造园艺术的杰作。20世纪80年代初期，拙政园的“明园”复制品曾送往美国纽约展览，在不少美国杂志上还刊登了“明园”的照片。围绕拙政园的英语译名，一位摄影记者对西方的译法提出了异议。

问题原来出在“拙”上了。外国人当然不懂，“拙”是谦辞，“拙政”并没有真正的“政绩失败”的意思，所以unsuccessful显然是不正确的。在比较旧式的英文信件中，职工有对老板自称为your humble servant的，大概与汉语的“卑职”相当，用humble来对应“拙”还是说得过去的。

（三）故宫建筑群翻译

故宫1987年被联合国教科文组织（UNESCO）列为世界文化遗产（World Heritage Sites）。

故宫（the Imperial Palace），又称紫禁城（the Forbidden City），是明清两代的皇宫。故宫是世界上现存规模最大最完整的古代木结构建筑群，也是我国现存最大最完整的古建筑群（ancient architectural complex）。

故宫林林总总的建筑物在英语当中如何表示呢？下面是中国传统建筑的英语表达法。

陵墓（mausoleum）;

亭/阁（pavilion）;

石窟（grotto）;

祭坛（altar）;

宫/殿（hall；palace）;

水榭（waterside pavilion）;

台（terrace）;

楼（tower）;

塔（pagoda；tower）;

廊（corridor）;

堂（hall）;

门（gate）。

故宫建筑群主要建筑的翻译如下。

太和门（Gate of Supreme Harmony）;

太和殿（Hall of Supreme Harmony）;

中和殿（Hall of Central Harmony）;

保和殿（Hall of Preserving Harmony）;

文渊阁（Belvedere of Literary Profundity）;

乾清宫（Palace of Heavenly Purity）;

坤宁宫（Palace of Earthly Tranquility）;

养心殿（Hall of Mental Cultivation）;
乐寿堂（Hall of Joyful Longevity）;
御花园（Imperial Garden）。

第四章
中国自然文化翻译理论与实践

中西方自然文化内涵存在着鲜明差异，在对自然文化展开翻译时，译者需要充分了解中西方自然文化所蕴含的文化内涵，进而展开贴切的翻译。本章主要研究中国自然文化翻译理论与实践。

第一节　山水文化翻译

一、中西方山水文化差异

在中国古代社会，很多文人骚客特别钟情于山水，他们厌倦官场的尔虞我诈，喜欢纵情于山水之间，通过对山水的描述来抒发自己的情怀。在长期的发展过程中，逐渐形成了中国独有的山水文化。人们将山水作为一种表达的对象来抒发自己的心情和情怀。中国山水文化在中国古代的每个朝代都有出现，不过在唐代尤其突出。

唐代诗人写下了很多优美的关于山水的诗篇。在这一时期，山水诗的创作达到了一个高潮，诗人将自己的喜怒哀乐寄寓山水中。例如，张若虚的《春江花月夜》："不知江月待何人，但见长江送流水。"李煜的《虞美人》："问君能有几多愁，恰似一江春水向东流。"此外，流水在唐诗中还常象征着时光逝去，如"君不见黄河之水天上来，奔流到海不复回""无边落木萧萧下，不尽长江滚滚来"等表达的都是这种意境。①

与中国古代丰富的山水文化相比较而言，西方山水通常仅表示一种自然现象，具有很强的客观性。人们对山水的描写仅限于从自然、客观的角度出发，并不代表任何深层的文化内涵。之所以如此，主要是因为西方人所持有的价值观念与中国人是不同的。西方人眼中的人与自然是对立的，他们的思维往往具有抽象性与客观性，因而对山水的欣赏往往是从客观角度展开的。

① 张青，张敏.英汉文化与翻译探究[M].北京：中国水利水电出版社，2015.

二、中国山水文化翻译方法分析

汉语中的山水具有丰富的文化意蕴，因而对这些含有山水内容的唐诗展开翻译时，困难就比较大。有学者指出，这种具有文学意象的诗具有可译性，通过一定的方式可以将其转换成另外一种语言中类似的物象，从而准确传达其寓意。也就是说，“流水”和“山”可直译为“water、river、stream”和“mountain、hill”，直译后“流水”和“山”的文化内涵会基本得以保留。[①]例如：

望庐山瀑布

李白

日照香炉生紫烟，遥看瀑布挂前川。

飞流直下三千尺，疑是银河落九天。

译文一：

The Waterfall in Mountain Lu Viewed from Afar

Li Bai

The sunlit Censer Perk exhales a wreath of cloud,
Like an upended stream the cataract sounds loud.
Its torrent dashes down three thousand feet from high,
As if the Silver River fell from azure sky.

（许渊冲　译）

译文二：

Viewing the Waterfall at Mount Lu

Li Bai

Sunlight streaming on Incense Stone kindles a violet smoke,
Far off I watch the waterfall plunge to the long river.

---

① 孙蕾.英汉文化与翻译研究[M].北京：中国书籍出版社，2014.

Flying waters descending straight three thousand feet,
Till I think the Milky Way has tumbled from the ninth height of Heaven.

（Burton Watson　译）

第二节　色彩文化翻译

色彩在日常生活中十分常见，但是由于文化背景的差异，汉英文化在色彩表达与内涵上带有自身的特点。下面对汉英色彩文化进行对比与翻译探究，从而促进跨文化交流的进程。

一、中西方色彩文化差异

虽然中西方都有色彩文化，但是不同的文化词在内涵上带有差异性。下面对汉英色彩文化进行对比。

（一）白色与英语单词white

白色是英汉两种文化中都经常出现的色彩，下面对白色和英语单词white的文化内涵进行总结。

1.中国文化中的白色

在汉语中，白色的文化意义十分丰富，甚至其含义还存在着互相矛盾的状况。下面从褒义、贬义和中性三个方面对白色在汉语中的文化意义进行探讨。

（1）褒义意义

白色表示圣洁、洁净、坦诚，如清清白白、白璧无瑕、洁白如玉等。在现代社会中，白色是对女性美和婴幼儿健康标准的评判。人们普遍认为美丽的女性应该是肌肤美白，有“一白遮百丑”的说法；而人们对婴幼儿的一个褒义评判标准也是“又白又胖”。

（2）贬义意义

在中国文化中，白色有很多贬义的内涵，具体主要有以下几种。

①表示诀别、凶兆、死亡。白色具有诀别的含义。《史记·荆轲传》中记载了当荆轲与太子丹诀别时，众人于易水河边相送的情景：“皆白衣冠以送之。”而在中国古典小说《三国演义》中也多次写到因送别亡人身着白衣白冠相送。直到现在，如果有人去世，他的后人一般会穿上白衣为其送终。例如，亲人死后家属要披麻戴孝（穿白色孝服）办白事，要设白色灵堂，出殡时还要打白幡。

②表示落后、反动、投降。白色在其历史演变和发展过程中由于受到政治因素的影响，从而具有了腐朽、反动、落后等象征意义。例如，“白色恐怖”指反动政权制造的镇压革命的恐怖氛围，“白区”指反动政权控制的地区或区域，“白军”指反动军队，“白色政权”则专指反动政权等。

③表示愚蠢、失败、无利可得。人们通常把智力低下的人称为“白痴”，把出力而得不到好处或没有效果称作“白忙”“白费力”“白干”等。此外，在战争中，失败的一方总是打着白旗以示投降。

④表示奸邪、阴险。例如，人们通常将忘恩负义的人称为“白眼狼”，将戏剧中演奸臣的角色称为“唱白脸”。

⑤表示知识浅薄、没有功名。例如，人们把平民百姓称为“白衣”“白丁”，把缺乏锻炼、阅历不深的文人称为“白面书生”等。

（3）中性意义

白色的中性意义就是指明白、清楚。例如，“不白之冤”是指难以洗雪、无法破解的冤情、冤枉；“真相大白”“大白于天下”意为找到事实真相，将其来龙去脉公之于众等。

2.西方文化中的英语单词white

White在英语中主要有以下几种文化内涵。

（1）表示纯洁、洁净

西方人在举行婚礼时，新娘穿着拖地的白色婚纱裙，手捧鲜花，新郎身穿白色西服，表示婚姻生活的伊始，是纯洁无瑕的。这一点与中国文化中以白色为孝服的颜色是截然不同的。如今受到西方文化的影响，在中国，人们结婚时新娘也通常穿白色婚纱，表示“纯洁无瑕”。

（2）表示快乐、欢悦、吉利

例如吉日（a white day）、欢快的圣诞节（a white Christmas）。圣诞节是西方国家最重要的节日，英美人喜爱户外活动，尤其是滑冰、滑雪，而圣诞节正是冬季滑雪的大好时光。

（3）表示善意的含义

一个善意的谎言（a white lie）；

不流血的战争（a white war）。

在汉语中，很多白色的含义并不和英语中white的含义相对应，在翻译过程中，需要对这类词语进行总结与分析。例如：

白酒（Chinese spirit）；

白日梦（day dream）；

洁白的月光（bright moonlight）；

他看起来脸色苍白（He looks pale）。

（二）黑色与英语单词black

黑色也是英汉文化中常见的色彩，下面分别对黑色在汉英文化中的内涵进行总结分析。

1.中国文化中的黑色

在汉文化中，黑色一般带有贬义色彩，常常能引起人们的负面联想。通常来说，黑色在汉文化中的文化内涵较为复杂，大致处于一种对立和矛盾之中。下面分别对其褒义和贬义含义进行总结分析。

（1）褒义意义

①表示尊贵和庄重。在中国春秋时期，黑色曾经作为官员上朝所穿朝服的颜色，古书《毛诗故训传》中有这样的解释：“缁，黑色，卿士听朝之正服也。”可见，在古代，人们用黑色的帛制作朝服，以显其尊贵和庄严的气势。既然黑色作为古代朝服的颜色，那么黑色在古代的地位并不低。即使在今天，黑色仍具有“庄重、显贵、正式”的含义。

②表示刚直不阿、公正无私。在戏剧舞台上，人们一般用黑色或以黑色为主色调来表示刚直不阿、严正无私和憨厚忠诚的人物特点，如包拯、尉迟恭、李逵、张飞等人的脸谱色彩都是黑色。

（2）贬义意义

①由于黑色常使人联想起黑夜，因此便有了负面的联想。例如，当人们想起黑夜时，会感到恐怖和无助；当人们看到一些黑色的动物和鸟类，如乌鸦、猫头鹰等时，通常也会本能地产生厌恶之感。

②象征反动、邪恶等。现代汉语中，有很多用黑色来表示的词语都说明了“黑”不受欢迎的一面。例如，抹黑、背黑锅、黑社会、黑手、黑势力、黑幕、黑车、黑帮、黑话、黑爪牙、黑干将、黑市、黑店、黑心、黑交易、黑道、黑名单、黑货、黑会、黑枪、黑色收入、黑账、黑金等。

2.西方文化中的黑色（black）

和汉语中黑色的含义相似，在英语中black也兼具褒义和贬义的文化内涵。

（1）褒义意义

①表示庄重、尊贵。西方人尤其是商界巨贾、达官显贵、社会名流等上流社会阶级的人士，喜欢穿着黑色的服饰以彰显其尊贵、庄重，因此正装的颜色首选黑色。

②表示盈利。西方人习惯以记账通用的黑色字体来标注盈利的数字，因此英语中就有了in the black（盈利、有结余）的说法。

（2）贬义意义

①表示悲哀、凶兆、死亡、灾难。在西方，黑色是葬礼服装的标准色彩。例如：

黑色弥撒（Black Mass）；

凶日（a black letter day）；

不吉利的话（black words）。

②表示耻辱、不光彩，邪恶、犯罪。例如：

恶棍、流氓（black guard）；

丢脸、坏名声（a black eye）。

③表示没有希望。例如：

前景暗淡（the future looked black）；

坏消息（black news）。

④表示气愤、愤怒。例如：

情绪低落（black mood）；

恶狠狠地看一眼（black look）；

气得脸色发紫（black in the face）；

怒气冲冲（be black with anger）。

在汉语中，黑与白是相对而言的，如“颠倒黑白”“黑白不分”。但是，在英语中，英语单词（black）有时与英语单词white相对而言。例如：

颠倒黑白（call black white）；

见诸文字（put down in black and white）；

强词夺理（swear black is white）。

英语单词black有时又与英语单词blue对举，如把某人打得遍体鳞伤可译为beat sb. black and blue。

在翻译实践过程中，译者尤其需要对汉语黑色和英语black不对应的词汇进行总结分析。例如：

黑货（smuggled goods）；

黑暗（dark）；

黑钱（ill–gotten money）；

黑车（unlicensed vehicle）；

黑幕（inside story of a plot）；

背黑锅（to be the scapegoat/to take the blame for other）。

（三）红色与英语单词red

红色在英汉色彩文化中经常出现，下面分别对二者之间的文化意义进行总结对比。

1.中国文化中的红色

红色在中国文化中是火与血的颜色，中国人除了用它来表示物体的颜色外，还把它看作热烈、欢快、喜庆、吉祥、胜利、好运或受欢迎的象征。在中国古代，王公贵族所居住的豪宅大院的大门多漆为红色，用以象征富贵。如今，中国人在结婚、过节、欢庆时都用红色作为装饰色调。红色在中国文化中的积极意义远远多于负面意义。

例如，表示兴旺和发达的词有开门红、红光满面、红日高照、满堂红、红利、红包、分红等；表示成功和圆满的词如演红了、走红、红得发紫、红极一时；在戏剧中，红色还是象征正义忠良的色彩。又如，中国人还常用“一片丹心”来称赞英雄，同时激励自己。

由于红色与血和火的色彩相联系，在中国，红色还用来代表革命，这也使红色被抹上了一层政治色彩。例如，红军、红旗、红色政权、红色根据地、红色旅游、唱红歌等。

此外，由于与“血”有联系，“红色”也含有凶兆、灾难之意，如“一刀见红”等。

2.西方文化中的red

与中国文化相比，red在西方文化中除了在个别方面与“红色”具有类似的文化内涵外，更多的是表示贬义意义。具体分析如下。

（1）褒义意义

red在英语中的褒义内涵主要表示荣誉、尊贵、喜庆。西方在欢迎贵宾的礼节上，通常喜欢用红色表达敬意。例如，在欢迎他国首脑时使用红地毯（the red carpet），以此象征对方的尊贵，表示对对方的尊敬与隆重欢迎和接待；在某些圣餐仪式上穿红色表示圣爱；血红色是坚忍不拔的象征。

（2）贬义意义

贬义是red的主要文化内涵，具体有以下几种含义。

①表示暴力、流血。红色在西方人心目中是鲜血的颜色，而西方人视鲜血为“生命之液”，并认为一旦鲜血流淌出来，就意味着生命之花的凋谢。因此，西方人往往将红色与暴力、恐怖、流血等联系起来。例如：

血战（a red battle）；

血腥复仇（red revenge）。

②表示危险、紧张。例如，空袭报警（red alert）。

③表示放荡、淫秽。红色在西方具有“邪恶的美”“诱惑”等隐喻意义，因此在西方红色也暗指放荡与淫秽。

④表示负债或亏损。西方人在记账的时候、结算财政收支情况的时候，当账上和损益表上的净收入是负数时，就会用红笔登记，以达到醒目、警觉的目的，因此red就有了负债的象征意义。例如：

亏本（in the red）；

赤字（red ink）。

在汉英翻译过程中，有一些汉语中使用的“红”在英语中却不用red表示。因此，译者需要在日常生活中及时进行总结分析。例如：

红利（dividend，bonus）；

红运（good luck）；

红绿灯（traffic lights）；

红外线（infrared ray）；

红薯（sweet potato）；

红烧肉（pork braised in brown sauce）。

（四）黄色与yellow

黄色在汉英翻译过程中也经常可见。下面分别对汉英文化中黄色的内涵进行总结分析。

1.中国文化中的黄色

在中国文化中，人们赋予了黄色一些极端不同的文化联想，其文化内涵极为丰富。

（1）象征尊贵、皇权、富足

在中国传统文化中，黄色可以表示至高无上的地位。这可能与中华民族文化的发祥地——黄河流域的中原地区有关，这一地区的土地为黄色，而在以农业经济为主的古代中国，土地在人们的心目中占据着重要的地位。黄帝被奉为中华民族的始祖，古代帝皇的服饰也以黄颜色为主。溥仪在其回忆录《我的前半生》中就回忆道，北京皇宫里“无一不是黄的”。因此，在汉语言中，存在大量与“黄”有关的表达皇家专用的词语，如黄榜、黄袍、黄帛等。

（2）象征神灵

道教被认为是由传说中的黄帝和老子共同研究而成的道家学说，因此汉语中有黄老学派和黄老之学的说法。道家所穿之衣冠均为黄色，用来驱鬼避邪、祭祀神灵所用之纸均使用黄纸。而黄历则是相传由黄帝创建的历法，同时，封建社会编写大历书亦为黄色，故有“黄道吉日”之说。

（3）表示稚嫩

黄色可用来指幼儿，如“黄童白叟”，这是由于婴儿的头发是细细的黄毛；黄色也常用来讥诮未经世事、稚嫩无知的年轻人，如“黄口小儿”“黄毛丫头”等。

2.西方文化中的yellow

与在汉语中复杂的文化内涵不同，在英语中，“yellow”一词本身并没有过多的含义。通常来说，它可以表达“卑劣”“怯懦”“猜忌”等。例如：

卑劣的人（a yellow dog）;

胆小鬼（a yellow livered）;

阴沉多疑的神色（yellow looks）。

除此之外，“黄色”一词在英语中通常都是就事论事表达颜色。

需要指出的是，英语中的the yellow pages或the yellow book是指电话簿而非汉语中的“黄色书刊”。在英语国家，电话簿分为两种，用黄纸印的为公用电话簿，用白纸印的为私人电话簿，英语为the white pages或the white book。

在汉英翻译过程中译者需要在汉语中使用“黄”，但是在英语中却不使用yellow对应的词汇进行总结。例如：

黄油（butter）；

黄牛（ox）；

黄瓜（cucumber）；

黄豆（soy bean）；

黄金（gold）；

黄袍（purple robe）；

黄昏（dusk）；

黄昏恋（twilight love）；

黄道吉日（propitious date/lucky day）；

黄粱美梦（pipe dream）；

黄金时代（golden time）；

黄花闺女（virgin）。

（五）蓝色与英语单词blue

在汉英翻译过程中，蓝色是经常可以见到的色彩词。下面分别对汉英文化中蓝色的含义进行总结。

1.中国文化中的蓝色

在自然界的色彩中，蓝色给人以轻快明亮的感觉，这是因为大海和天空均为蓝色。一想到蓝色的天空和蓝色的大海，人们往往就有一种轻松愉快的感觉。但是，以蓝色为核心的词语构成在汉语中是十分贫乏的。无论是在古代汉语还是在现代汉语中，“蓝”字通常都是就事论事地使用，没有其他的引申义。如《荀子·劝学》中的“青，取之于蓝而青于蓝”，白居易《忆江南》中的“日出江花红胜火，春来江水绿如蓝”。

如果说象征意义的话，在现代，蓝色的一个比较常见的代表意义是“依据”。例如，“蓝本”原本是指书籍正式付印之前为校稿审订而印制的蓝色字体的初印本，后来专指撰著、改编等所依据的底本、原稿。又如，“蓝图”一词源自英语单词blueprint，原指设计图纸，因其为蓝色而得名，现在也用以喻指建设所依据的设计、规划以及人们对未来的宏大设想等。

2.西方文化中的blue

“blue”一词在英语中的文化含义较为丰富。需要注意的是，blue的文化引申含义较多，但是其相互之间的联系却较少。下面对其文化意义进行总结。

（1）象征地位的高贵、法规的尊严以及人们对某种事物的热爱

严格的法规（blue laws）；

严守教规的卫道士（blue nose）；

贵族出身的（blue-blooded）。

（2）表示情绪低落、心情郁闷等感情

无精打采（be（fall）in the blues）；

闷闷不乐（to feel blue）；

神色沮丧（to look blue）；

情绪低落（to cry the blues）。

（3）表示突然、迅速

突爆冷门（from out of the blue）；

晴天霹雳（have the blue）；

一闪即逝的东西（blue streak）。

可见，在英语中，blue的内涵意义往往会从一个极端走向另一个极端，因此在词语选用时，要充分考虑其所表达的联想意义，以免误用。这点在翻译过程中也需要尤其注意。

汉英翻译过程中，需要对汉语中使用“蓝”而英语中不对应blue的词汇进行总结。例如：

蔚蓝（sapphire）；

天蓝（azure）；

蓝本（original version）；

紫罗蓝色（violet）；

蓝宝石（sapphire）。

（六）绿色与英语单词green

绿色在汉英不同的文化背景下也带有不同的文化含义，下面分别对其进行总结分析。

1.中国文化中的绿色

绿色有着天然的悦目色彩，但在中国文化中，它具有褒贬不同的文化内涵。

（1）代表春天，象征着新生和希望，还象征着生命、青春等

例如，宋代诗人王安石歌颂春天的著名诗句“春风又绿江南岸”，唐代诗人柳宗元的“欸乃一声山水绿”都是对绿色的颂扬。

（2）代表不忠

当妻子有了外遇，丈夫就会被讥讽为“戴绿帽子”。

（3）其他含义

例如，“绿色农业”表示少用农药、有机化肥的农业种植；“绿色食品”表示天然或农药含量极低的食品；“绿色通道”指便捷的办事途径；“绿色旅游”指贴近自然的山水游。

2.西方文化中的green

（1）表示幼稚、新手、没有经验、不成熟、缺乏训练等

新手（green hand）；

幼稚，无经验（to be green as grass）；

刚出校门的年轻人（green from school）。

（2）表示新鲜

鲜肉（green meat）；

嫩玉米（green corn）；

新伤口（a green wound）。

（3）表示妒忌

眼红（green with envy）；

害了红眼病妒忌（green-eyed）。

（4）表示钞票、金钱

由于美国的钞票以绿色为主色调，因而绿色具有钞票的象征意义。人们称“美钞”为green back，并由此延伸出green power（金钱的力量、财团）这一说法。

（5）象征青春、活力

老当益壮（a green age）;

血气方刚（in the green）;

在青春旺盛的时代，处于佳境（in the green tree/wood）;

青春期（in the green wood）。

如今，随着环保概念的深入，东西方现在都认同“绿色”为环境保护的代名词。例如：

绿葱葱（green and luxuriant）;

绿色食品（green food）;

绿色和平组织（Green Peace Organization）;

温室效应（Green-house effect）。

（七）紫色与英语单词purple

紫色也是一种常见的色彩，下面对其在汉英文化中的不同含义进行总结分析。

1.中国文化中的紫色

“紫色”一词在汉语中的含义褒贬不同，如“紫气东来”具有祥瑞的含义，“紫禁城”则表示皇宫禁地，“紫书”则是指皇帝的诏书。

2.西方文化中的purple

（1）象征王位、显贵和权力

出身于王室贵族，身居显位（be born in the purple）;

授予在作战中受伤的战士的紫心勋章（Purple Heart）。purple在英语中之所以有这一文化内涵是因为古希腊、古罗马的帝王高官都身着紫袍以示其显贵与尊严。

（2）在文学中，表示辞藻华丽

辞藻绚丽的篇章或段落（purple passage）；

华丽的散文（purple prose）。

（3）表示不好的脸色

脸气紫了（be purple with fury/rage）。

二、中国色彩文化翻译方法分析

在汉英不同的文化背景下，色彩词具有不同的文化含义，因此在汉英分析过程中，译者需要具体语境具体分析，从而使译文更加准确地传达出原文含义。

（一）直译

在语言使用过程中，色彩词的作用一般是用来修饰名词。因此，汉英两种色彩词的概念意义（denotative meaning）大多是可以对应的。对于这种情况，译者可以采用直译法进行翻译。例如：

红玫瑰（red rose）；

红色的地毯（red carpet）；

一件深红色的罩衫（a dark red blouse）；

灰色的制服（grey uniform）；

白色的旗（white flag）；

绿叶（green leaf）。

短句也可以采用直译法进行翻译。例如：

这是一个身材高大、长头发、眼球白多黑少的人。

The man was tall, hurly fellow with longhair and more white than black to his eyes.

红雨随心翻作浪，青山有意化为桥。

Crimson rain swirls in waves under our will, Green mountains turn to bridges at our wish.

他穿着一身浅灰色底子淡蓝色条纹的西装。

He was dressed in a European-style suit of a pale grey material with pale blue stripes.

服装不再是灰色的，一律是草绿色的。和春天的田野一样，娇嫩美观。

The uniforms were no longer of grey cloth but were grass green though out, as delicately and attractively colored as the fields.

（二）意译

由于翻译实践中需要涉及不同的场景，因此可能会遇到英汉色彩词不完全对应的情况，这时译者可以采用意译法进行翻译，从而体现出原文的内涵，便于译入语读者的接受。在采用意译时可以具体通过以下几种方式处理色彩词。

1.添加颜色词

在具体的翻译过程中，根据语篇发展的需要，可以根据译文表达适当增补颜色词。例如：

重要的日子/节日（red-letter day）;

大怒（see red）;

繁文缛节（red tape）;

负债（be in the red）;

加奶咖啡（white coffee）;

我讨厌约翰，他是个卑鄙小人（I dislike John，for he is a yellow dog）。

2.删减颜色词

在汉英翻译中，有些颜色词在翻译过程中可以省略不译，因此可以适当删减。需要注意的是，颜色词的删减应该在不影响原文表达的情况下进行，译者不可根据主观臆断进行胡乱删减。例如：

黑心肠（evil mind）;

红榜（honor roll）;

红运（good luck）。

（三）替换

通过汉英色彩文化的对比可以得知，由于文化背景等因素的不同，在某一文化中出现的色彩词在另一种文化中是用不同的色彩词进行表达的，因此根据这一点，在翻译实践中，译者可以根据表述需要进行色彩词的替换，从而使译文更加符合读者的阅读需要。例如：

黑面包（brown bread）;

青一块紫一块（black and blue）;

红茶（black tea）;

红糖（brown sugar）。

第三节　数字文化翻译

数字是社会生活的重要组成部分。由于受民族文化心理、语言崇拜、宗教信仰、传统习俗等方面的影响，中西方数字文化的内涵存在着一些共性和差异。

一、中西方数字文化差异

（一）中西数字美学观念差异

1.汉语数字的美学观念

在中国传统文化中遵从“天人合一”的思想，人们认为自然与人应该和谐对称。因此，在汉语中人们多使用偶数，认为偶数是“好运”与“和谐”

的象征。中国人习惯于以一分为二的观点看事物，认为很多事物既相互独立又相互影响，密切相关，如天与地、白天与黑夜、太阳与月亮等。人们在结婚时也一般会选择偶数的日子来作为吉时。

2.英语数字的美学观念

在古罗马，数字2（two）被认为是极不幸运的数字，古罗马文化中，人们将2月2日定为哀悼死者的日子。在西方文化中，人们认为数字2（two）是变化、不和、邪恶的象征，人们在生活中送花时花的数量不会选择偶数，一定为奇数。当然，数字13除外。

（二）中西数字结构形式差异

数字习语包括数字语素（N）与其他语素（M）两部分。根据数字个数和位置，汉语的数字习语在结构形式方面也各具特色，下面将具体进行分析。

1.汉语数字习语的结构类型

一般而言，汉语数字习语有从零到九，以及十、百、千、万这几个数字。根据数字出现的频率，有以下五种类型。

（1）含五个数字的数字习语

可归纳为以下公式。

$$C_5 = M_1 + M_2 + N_1 + N_2 + N_3 + N_4 + N_5 \text{或者} N_1 + N_2 + N_3 + N_4 + N_5 + M_1$$

例如，“九九八十一难”“不管三七二十一”，这种类型的数字习语较为罕见。

（2）含四个数字的数字习语

有以下两种模式。

$$C_4（1）= N_1 + N_1 + N_2 + N_2$$

例如，“千千万万”“三三两两”。

$$C_4（2）= N_1 + N_2 + N_1 + N_3$$

例如，“一五一十”。

（3）含三个数字的数字习语

模式如下。

$$C_3 = N_1 + N_1 + M_1 + N_2$$

例如，“九九归一”。

（4）含两个数字的数字习语

有以下三种模式。

C_2（1）$= N_1 + M_1 + N_2 + M_2$。这种数字习语很常见，其中的N_1和N_2可以相同，如“百依百顺”等；也可以不同，如“四面八方”等。

C_2（2）$= M_1 + N_1 + M_2 + N_2$。这种数字习语经常能够见到，如“横七竖八”“朝三暮四”等。

C_2（3）$= M_1 + M_2 + N_1 + N_2$。这种模式的数字习语有“气象万千”“略知一二”等。

（5）含一个数字的数字习语

也有三种模式，这类数字习语的数量是最多的。例如：

C_1（1）$= N_1 + M_1 + M_2 + M_3 + M_4 + \cdots + M_n$，如“八面来风”“一言以蔽之”等。

C_1（2）$= M_1 + M_2 + N_1 + M_3$，如“目空一切”“莫衷一是”等。

C_1（3）$= M_1 + M_2 + M_3 + N_1$，如“忠贞不贰”“表里如一”等。

2.英语数字习语的结构类型

结合英语数字习语本身的结构特点，其习语的结构也可分为以下几种情况。

（1）含有两个数字，但中间由介词来连接

其模式可大致归纳为$E = N_1 + P + N_2$。例如，万里挑一（one in thousand）、十有八九（ten to one）等。

（2）介词之后接数字的情况

其模式可大致归纳为$E = P + N_1 + N_2$。例如，三三两两（by twos and

threes)、完美的(to the nines)等。

(3)修饰词或限定词构成的数字习语

其模式可大致归纳为$E = M/D + N$，这类习语一般只含有一个数字。例如，诡计(a fast one)、海葬(a deep six)。

(4)动词和数字组合成的习语

其模式为$E = V + N$。例如，获得最大成功(strike twelve)、平分(go fifty fifty)等。

由上述的结构分析不难发现，英语的数字习语在数量上比汉语的少且结构简单，样式也少，数字含量也偏少，这就无形中给汉译英增加了困难。

二、中国数字文化翻译方法分析

从数量和种类方面来看，汉语中由数字构成的习语要远远多于英语，且汉译英的难度也比英译汉的难度大得多。下面将结合数字习语汉译英的翻译进行分析。

(一) 通俗共用翻译

通俗共用的翻译法主要是对中西方数字习语中内容和形式相近的同义数字而言的。这种翻译方法不仅能尽可能传达原作内容、形式与色彩上的风格，还可以迎合译语在这方面的风姿，进而达到通俗共用的效果。例如：

三三两两(in twos and threes);

三个臭皮匠赛过一个诸葛亮(two heads are better than one);

一举两得(kill two birds with one stone)。

(二) 保留数字直译

在翻译中西方数字习语时，运用保留数字直译不仅有利于保留数字的文化意象，而且能够在很大程度上弥补汉语数字习语典故在英语中的语义空缺情况，使译文更加通俗易懂。例如：

七嘴八舌（with seven mouths and eight tongues）；

十年树木，百年树人（It takes ten years to grow trees, but a hundred years to rear people.）。

陈达叫将起来，说道："你两个闭了鸟嘴！长别人志气，灭自己威风！他只是一个人，须不三头六臂，我不信。"

（施耐庵、罗贯中《水浒传》第二回）

"Shut your craven mouths," Chen Da cried. "Praising other people's courage pulls down your own. After all he is only human. Does he have three heads and six arms? I don't believe it!"

（Sideney Shaprio 译）

本例中"三头六臂"在翻译时用了保留数字的直译法进行翻译，用来指强大的人和高大的形象，增强了语势，使译文更加直观、形象，给译入语读者形象鲜明的感觉。

（三）保留数字套用

保留数字套用法是利用人类思维认知的共通性，将汉语中一小部分习语套用英语中和其相同的部分。这种翻译方法有以下两种情况。

（1）数字的大小可能会发生改变

半斤八两（six of one and half of a dozen of other）；

一箭双雕（Kill two birds with one stone）；

一个巴掌拍不响（It takes two to make a quarrel）。

（2）套用还可以完全摒弃数字的文化意象，采用译入语中固有的表达来译

五十步笑百步（The pot calling the kettle black）；

不管三七二十一（Throwing cautions to the wind）。

结合以上两种情况，对习语中的数字是保留还是替换，译者应根据具体的情景和译入语语境进行处理。

（四）舍弃数字意译

舍弃数字意译法是指保留数字习语所表达的意义，可适当摆脱形式的限制。这种翻译方法在很多情况中都适用，但可能会丢弃原文形象的表达。例如：

过五关斩六将（to experience many hardships）；

九死一生（to have a narrow escape）。

第四节 动植物文化翻译

一、中西方动植物文化差异

（一）中西方动物文化差异

1.龙与英语单词dragon

在中国文化中，龙是中华民族的标志，象征着民族精神。在我国古代传说中，龙是一种神异动物，可以兴云降雨，给人带来吉祥。

由于中国自古以来都是以农业为主，自然现象的变化对农牧业生产具有重要的影响。可以说，自然对庄稼收成的好与坏具有决定性的作用。在原始社会，人们的生产力水平非常低下，不能解释自然现象的变化，在自然面前显得束手无策。因此，自然崇拜就随之产生。人们将地上的动物与天上的物象加以结合，把闪电、虹当作蛇的化身，把蛇当作神，认为它可以主宰雨水，后来把蛇神化成龙。

由此可见，在中国文化中，龙是神灵的象征，人们对龙怀有一种崇拜、敬仰之情。中国封建帝王往往借助龙来树立自己的威望，以维护其统治，因此人们便把龙作为皇帝和皇权的象征。例如，皇帝被尊称为“真龙天子”，其后代为“龙子龙孙”，与皇帝有关的东西都加一个“龙”字，如“龙袍、龙颜、龙座、龙体、龙床”等。一直以来，中国人都用“龙的传人”来称呼自己。

汉语中很多与龙有关的词语通常都带有褒义，如龙腾虎跃、龙马精神、龙飞凤舞等。

在西方神话传说中，dragon是一种凶残怪物，形似巨大的蜥蜴，长着翅膀，身上有鳞，有脚爪，口中能喷火，拖着一条长长的蛇尾。

在中世纪，dragon象征着罪恶。《圣经》中，把与上帝作对的恶魔撒旦称为the great dragon，而一些杀死dragon的圣徒则被视为英雄。

由上述分析可见，中国文化中的龙与西方文化中的dragon，在形象与文化内涵上都极为不同。龙在中国文化中是吉祥物，象征中华民族精神，而dragon在西方文化中却是凶残的动物，象征魔鬼。

2.凤凰与英语单词phoenix

在中国古代传说中，凤凰是一种神异动物。凤凰“前如鸿鸟，后像麒麟，它有蛇的颈、鱼的尾巴、龙的纹彩、龟的身躯，原是东夷少昊氏部族的图腾，后与其他动物图腾融合神化而成”[①]。凤凰与龙、龟、麒麟合称为“四灵”。

中国人认为凤凰是百鸟之王，故有“百鸟朝凤”的说法。中国古代人认为，凤凰是高贵的象征，因此人们多用龙比喻皇帝，用凤凰比喻皇后，而帝王结婚则被称为“龙凤呈祥”。后用龙凤呈祥象征婚姻美满、夫妻恩爱。同时，凤凰也象征着人的美德，被人们视为仁、义、德、信的化身。因此，人们常用凤毛麟角来比喻珍贵的人或事物。

在西方文化中，phoenix是古希腊、古埃及神话中的一种鸟。根据古希腊传说，它是每五百年自焚为烬，再自焚重生，不断循环，直至永生。因此，phoenix在英语中是不死鸟、长生鸟，是复活、再生的象征。当某一建筑物毁坏时，人们通常会祝愿它像传说中的phoenix那样，以崭新的面貌从

① 汪德华.中国与英美国家习俗文化比较[M].杭州：浙江大学出版社，2011.

废墟中升起。英语中，rise like a phoenix from its ashes/rise like the phoenix意为“像不死鸟一样从灰烬中再生”。

3.蛇与英语单词snake

在中国传统文化中，蛇是一种毁誉参半的形象。

一方面，在我国，蛇图腾是一种主要的图腾。蛇是夏朝时代的主要图腾标志之一，有人认为蛇图腾就是龙图腾的前身。在中国十二生肖中，蛇紧跟在龙的后面，因此通常也被称为“小龙”。从这一角度来看，蛇无疑具有一种积极的含义。而在中国神话传说中，蛇也被赋予了美好的形象。例如，在《白蛇传》中，蛇就是一种极具同情心、知恩图报并敢于追求美好生活的动物生灵。

另一方面，在中国传统文化中，人们又常常将蛇与恶毒、狡猾、邪恶、猜疑等种种负面含义联系起来，如有美女蛇、地头蛇、佛口蛇心、蛇蝎心肠、毒如蛇蝎、人心不足蛇吞象等说法。

此外，在中国文化中，蛇还是一种令人捉摸不定的物种，所以汉语中的蛇也是众多性情的代名词。

如果说在中国文化中，蛇最初是作为一种备受崇拜的图腾出现的，那么在英语文化中，蛇一开始就是一种被诅咒的对象，是邪恶的象征。在《圣经·创世记》的记载中，蛇在撒旦的唆使下，诱惑人类始祖夏娃犯下了原罪，因此蛇象征着原罪。在古希腊神话中，蛇也是以一种恶毒形象出现。例如，宙斯的妻子赫拉为了杀死宙斯的私生子赫拉克勒斯（Heracles），就派了一对剧毒无比的蟒蛇。又如，女妖美杜莎（Medusa）的头发就是一条条毒蛇，任何直望美杜莎双眼的人都会瞬间变成石头。

可以说，西方中的神话故事实际上反映了远古时期人类对蛇诡秘的行踪和剧毒的恐惧。由此，西方的人们认为蛇是魔鬼与邪恶的象征，是邪恶与危险的化身。而在英语中有关snake的说法也多是负面的。例如：

姑息坏人，养虎遗患（warm（cherish）a snake in one's bosom）;

潜伏的敌人，潜伏的危险（a snake in the grass）;

一个彻头彻尾的冷血恶魔（a sheer cold-blooded reptile）;

恩将仇报的人（a snake in the bosom）;

披着热情好客外衣的阴险的人（a snake in grass cloaked with hospitality）。

可见，虽然英语文化中的蛇也有着与汉语中相近的含义，但是汉语文化中的蛇更具有双面性的联想意义，而英语文化中蛇的主要象征是贬义的。

4.猫头鹰与英语单词owl

在中国，人们往往因猫头鹰凄厉的叫声而将其与不幸、死亡联系起来，将其视为不祥之鸟。据说，如果有人看到猫头鹰或听到它的叫声，就可能会有倒霉的事情发生。

在西方文化中，owl 被认为是智慧的象征。英语中有as wise as an owl 之说，意思是“像猫头鹰一样聪明”。在西方的儿童读物与漫画中，猫头鹰往往行为稳重、头脑聪明，备受其他禽兽的尊重。如果禽兽之间发生争端，通常由猫头鹰来裁判，遇到紧急事件也会向猫头鹰去求救。

（二）中西方植物文化差异

1.柳与英语单词willow

在中国文化中，柳通常可以表达宁静、惬意和旺盛的生命力的含义。春天是万物复苏、生命开始的象征，柳树早于其他树木开花发芽，因此汉语中有很多以柳表达美好春天意思的词语，如桃红柳绿、春风杨柳万千条等。

同时，由于汉语中“柳”与“留”谐音，柳也被认为是离别的象征，具有挽留、离别、思念等含义。自古以来，汉语诗词中有很多借柳树来抒发离别思念之情的。例如，李白的《忆秦娥》：“秦楼月，年年柳色，灞陵伤别。”刘禹锡也说：“清江一曲柳千条，二十年前旧板桥。曾与美人桥上别，恨无消息到今朝。”

此外，由于柳絮每年四五月间都会从雌性柳树上飘到水面上，沾到人的身上，古人就用“柳”来形容女子多变的心。人们时常把旧时妓院等色情场所称呼为“花柳之巷子”等。

在英语中，willow大多指失恋或死亡、失去所爱的人等。例如，英语中的习语wear the willow，指的是“服丧；戴孝”“悼念爱人的死；痛失所爱的人”等。德莱顿（Dryden）在其诗《爱的秘密》（*Secret Love*）中写道：“If you had not forsaken me, I had you: so the willows may flourish for any branches I shall rob'em of."（假如你不曾抛弃我，我就拥有你：这样柳树也会发芽，等候我来攀折。）

2.梅与英语单词plum blossom

在中国，梅花是传统花卉之一。梅花盛开于冰霜时节，色淡清香，花姿秀雅，枝干无叶如铁。在中国，由于梅耐寒的习性而被视为奋发顽强品质的象征，因此有“宝剑锋从磨砺出，梅花香自苦寒来”之说。中国古人认为，梅花有四德：初生蕊为元，开花为亨，结子为利，成熟为贞；梅花的五瓣，则分别是平安、长寿、幸福、善德与善终的象征。

历代文人也对梅花十分赞赏，留下了很多不朽的诗句，如黄蘖禅师的“不经一番寒彻骨，怎得梅花扑鼻香”。毛主席也有“俏也不争春，只把春来报。待到山花烂漫时，她在丛中笑”的绝美诗句等。

对英语民族而言，plum blossom仅仅是一种十分普通的植物，并没有特别的含义。

3.松与英语单词pine

在中国文化中，松常与柏并称。人们把松柏的耐寒常青理解为一种抗击环境变化而能保持自身不变的社会属性，一种具有坚强意志、坚贞不屈、刚直不阿的民族精神。

松树具有强盛的生命力，其树龄可达千余年，因此自古以来都被人们视为长寿的象征。在中国古代，帝王宫殿、御苑、陵墓之旁必栽松树和柏树，意为长命百岁、江山永存。民间也有在墓地栽种松柏的习俗，以此寄托对亡者长久的怀念。现在给上了年纪的人祝寿时，人们常常送上“松鹤延年”“松鹤同龄”的画卷，以及“福如东海长流水，寿比南山不老松”的寿联，祝福老人健康长寿。此外，人们有时还用松树比喻志行高洁的君子。

在西方，pine是一种常青树，象征永生，被誉为生命之树。同时，松树还是古希腊酒神（Bachus）和爱神（Cupid）的标志。在西方的圣诞节期间，松树常被用作圣诞树，作为赎罪的基督的象征。此外，pine在英文中还有消瘦、悲痛、惨痛、痛念之意。

4.竹与英语单词bamboo

中国是世界竹林的分布中心，竹类资源十分丰富。竹子与中国传统文化关系密切。在中国文化中，竹与梅、兰、菊被称为“花中四君子”，又与松、梅被称为“岁寒三友”。竹子具有高耸挺拔、质地坚硬、中空有节、质地坚硬等特性。因此，自古以来，竹通常被认为是正直、坚贞、廉洁、有气节的象征。“高风亮节”就是对竹子最好的写照。

中国古代文人喜欢用竹来比喻自己的品格和情操。魏晋时期的嵇康、阮籍、山涛、向秀、阮咸、王戎、刘伶七人，“相与友善，游于竹林，号为七贤”，共同以竹自喻，世称“竹林七贤”；李白、孔巢父等六人，曾隐居山东，以竹溪为美，诗酒相欢，世称“竹溪六逸”。[①]

很多文人墨客也留下了大量赏竹咏竹的佳句，如欧阳修的“竹色君子德，猗猗寒更绿”，李程的“常爱凌寒竹，坚贞可喻人”，邵谒的“竹死不变节，花落有余香”等。这些诗句不仅是在赞竹，更是在赞人。

除此之外，在中国传统文化中，竹还具有翠绿常青的文化意象。

在西方文化中，bamboo只是一种植物，没有什么特殊的联想意义。这主要是因为在西方国家竹子较为罕见，很多英美人对竹子并不了解，对他们而言，bamboo仅仅是一种植物的名称而已。

5.桃与英语单词peach

在中国传统文化中，桃具有丰富的含义。

桃树或桃花可用于比喻容貌美丽的女子，如用桃腮杏脸来比喻漂亮的女子，用桃色指男女间不正当的关系；桃李因其硕果累累可喻指人才、弟子，如“桃李满天下”；桃花源则被视为一种理想的隐居地，如“世外桃源”；桃象征着长寿，人们常用寿桃来为老人祝寿。

在西方文化中，人们十分喜欢桃子，这与其优雅的外形与其略带粉色的

① 汪德华.中国与英美国家习俗文化比较[M].杭州：浙江大学出版社，2011.

色泽有关。英语中的peach可以用来指美人、美好的事物。例如，当形容一个漂亮有吸引力的女子时，常用“She’s really a peach”。

6.杏与英语单词apricot

在中国传统文化中，杏（花）有十分丰富的象征意义。

杏花妖艳、妩媚，是春意的象征。杏的联想意义在中国古代诗词中并不鲜见。例如，宋人叶绍翁《游园不值》诗所谓“春色满园关不住，一枝红杏出墙来”。类似的诗句还有“红杏枝头春意闹”“一段好春藏不住，粉墙斜露杏花梢”等。

此外，在中国古代民间，人们常用杏林比喻医家。这主要源于这样一个传说：三国时期，有一位名医为人治病却不收报酬，只求治愈的病人为其种几株杏树。数年后，杏树多达十万余株，蔚然成林。因此，后人称颂医家时往往会用誉满杏林、杏林春满等。

在西方文化中，apricot并没有特殊的文化象征意义。apricot通常指的是杏（fruits）、杏树（tree）和杏花（blossom）。另外，英语almonds指杏仁。

7.玫瑰与英语单词rose

在中国文化中，玫瑰是爱情与美丽的象征。人们常把容貌漂亮而不易接近的女性比喻为带刺的玫瑰。此外，曹雪芹在《红楼梦》中刻画三姑娘探春的美丽形象和性格时也借用了玫瑰。

西方文化中的rose也象征着爱情与美丽。例如，人们常用lilies and roses来形容女性的花容月貌。苏格兰农民诗人彭斯的诗句“My love’s a red red rose”（我的爱人是一朵红红的玫瑰）就是借rose来歌颂爱情的。此外，成语under the rose却象征着秘密和沉默，西方自古就有在会议桌上方悬挂一枝玫瑰花，意味着保守秘密的习惯。

需要提及的一点是，与汉语相比，英语中rose负载了更多的文化意义。不同颜色的rose，其含义也极为不同，“红色象征生命力和炽热的爱情；粉色象征忠诚的爱；橘黄色象征蓬勃的朝气；紫色象征敬意和良好的祝愿；黄色象征轻蔑；白色象征死亡”[①]。

此外，还有很多其他植物在中西文化中具有不同的象征意义。例如，在中国文化中，水仙被称为“凌波仙子”，而在西方文化中，daffodil则象征着春天，也象征着自恋；在中国文化中，常用万年青表达青春、健康、爱情永驻，而西方文化中则用ivy（常春藤）来表达此意。

二、中国动植物文化翻译方法分析

（一）中国动物文化翻译方法

1.直译法

由于汉英民族生活的地理环境、生活方式等存在一些相似的地方，这就使中西方人对一些动物及其动物文化内涵有相同或相似的感受，翻译时可以采用直译法。例如：

热锅上的蚂蚁（an ant on a hot pan）。

豺狼当道，安问狐狸（When the wolf is rampant, why pick in the fox?）。

你难道没听见有人说“嫁鸡随鸡，嫁狗随狗”，哪里个个都像你大姐姐做娘娘呢。

（曹雪芹《红楼梦》）

Surely you know the saying, “Marry a cock and follow the cock; marry a dog and follow the dog”? How can every girl like you eldest sister, chosen as an Imperial Consort?

（杨宪益、戴乃迭　译）

嗳，我也是知道艰难的。但俗话说的:“瘦死的骆驼比马大”，凭他怎样，你老拔根寒毛比我们的腰还粗呢!

（曹雪芹《红楼梦》）

① 汪德华.中国与英美国家习俗文化比较[M].杭州：浙江大学出版社，2011.

Ah, I know what difficulties are. But "a starved camel is bigger that a horse." No matter how, a hair from your body is thicker that our waist.

（杨宪益、戴乃迭 译）

凤凰台上凤凰游，凤去台空江自流。

（李白《登金陵凤凰台》）

Phoenix that play here once, so that the place was named for them, Have abandoned it now to this desolate river.

2. 意译法

由于汉英两种语言在句子结构、文化等方面存在一定的差异，在翻译带有动物文化内涵的词汇时，如果直译行不通，可进行意译，使译文符合译入语的表达习惯。例如：

龟毛兔角（be impossible）；

龟鹤遐寿（be older that Methuselah, as old as Methuselah）；

望子成龙（to hope that one's son will become somebody）；

龙颜大悦（the imperial countenance shows great pleasure, the emperor looks great pleased）；

狼烟四起（be enveloped in the flames of war, with alarms raised at all border posts）；

这篇文章写得狗屁不通（This article is mere trash.）；

敌人龟缩在几个孤立的据点里（The enemy was holed up in a few isolated strongholds.）。

听着风声，祥子把头往被子里埋，不敢再起来。直到风停止住那狼嚎鬼叫的响声，他才无可奈何地起来，打不定主意是出去好呢，还是歇一天。

（老舍《骆驼祥子》）

Listening to it howling outside, Xiangzi buried his head in his quilt and decided to stay put. Only when its fiendish whistling had stopped did he reluctantly get up, undecided whether to go out or not.

（施晓菁 译）

否则，袖手旁观，守株待兔，就变成长期不抗战了。

Otherwise, standing by with folded arms and waiting for gains without pains will prove to be nothing but long-term nonresistance.

3.套译法

有些汉英动物词汇不但有相同或相似的形象比喻，并且还有相同的意义和修辞色彩，翻译时可以进行套译。例如：

虎口拔牙（beard the lion in his den）。

狗嘴里吐不出象牙来（a filthy mouth can't utter decent language）。

"家生女儿怎么样？'牛不喝水强按头吗'？我不愿意，难道杀我的老娘子不成！"

（曹雪芹《红楼梦》）

It makes no odds, "You can take an ox to the water, but you can't make him drink." Just because I refuse him, he's going to kill my parents!

（D. Hawkes 译）

天晓得，这批矽钢片，本来就是次货，铁耗怎么能不大？又要马儿好，又要马儿不吃草，这是……

（夏衍《考验》）

How can the hell can iron wastage be low when that shipment of silicon steel is dud stuff in the first place! You can't have your cake and eat it! It's too much of a good thing...

（杨宪益、戴乃迭 译）

4.直译加注法

有些汉语动物词汇蕴含丰富的文化背景，为了保留意义的完整性，可采用直译法，即先直译，然后再进行恰当的解释，使译入语读者能够更好地理解原文的含义。例如：

龙潭虎穴（a dragon's pool and a tiger's den—a dangerous spot）;

龙马精神（the spirit of a strong horse (usu. said in praise of a vigorous old age)）。

（二）中国植物文化翻译方法

翻译带有植物文化内涵的汉语词汇时可采用以下几种方法。

1.直译法

由于汉英民族对外部世界存在一些共识，汉英植物词语在修辞性比喻的喻体选择方面表现出了一些共性，即采取同一喻体去喻指同一事物。翻译汉英植物词语时，可以进行直译，忠实有效地保持原文的语义内容和修辞功能，进而达到内容与形式的统一。例如：

莺儿忙道："那是我们编的，你别老指桑骂槐。"

（曹雪芹《红楼梦》）

"We made that," cut in Yinger. "Don't 'scold the locust while pointing at the mulberry'."

（杨宪益、戴乃迭　译）

杂　诗

王　维

君自故乡来，应知故乡事。

来日绮窗前，寒梅著花未？

Where I Was Born

Wang Wei

Oh, sir, from the place of my youth are you come,

The things of our Village for sure you must know.

Still peeps the sun through my gauze window at home?

The early plum blossom, oh! yet does it blow?

（Fletcher　译）

春色满园关不住，一枝红杏出墙来。

（叶绍翁《游园不值》）

The garden, all ablaze with spring, is closed in vain,

For there, a crimson spray of apricot beyond the wall escapes.

（Candlin　译）

2.意译法

由于汉英不同的文化背景，有些汉语植物词很难通过字面的意思来理解。这时需要进行意译，即舍弃原文中的文化信息，只译出原文暗含的意义。例如：

胸有成竹（have a well-thought-out plan）;

哥哥你这葫芦里到底卖的什么药?（What are you hiding up your sleeve, Brother?）

3.套译法

汉英语言中有些植物词的形象意义不同，但其文化内涵及交际意义一致或相近。翻译时，可以进行套译，改变原文的形象，使译文无论在语义、美学、文化上与原文对等。例如：

昙花一现（a flash in the pan）;

掌上明珠（the apple of one's eye）;

世外桃源（Shangri-la or Arcadia）。

4.直译加注法

由于译入语读者和源语读者的生活环境、历史背景等都不同，译入语读者不能对源语中的植物形象产生固定的认知，翻译时无法进行转换形象的译法。这时可采用直译加注法，先直译，然后再对源语的隐喻意义进行解释，使译入语读者更好地理解原文信息，了解源语背后的文化。例如：

竹篮打水一场空（to draw water with a bamboo basket—all in vain）;

势如破竹[carry everything before it, just like splitting a bamboo with irresistible force—(said of a victorious army) push forward with an overwhelming momentum]。

第五章

中国社交文化翻译理论与实践

中国自古以来就是礼仪之邦，人们在日常生活中十分注意社交礼仪的规约。随着文化全球化的发展，国家与国家之间的交往日益紧密，中国自然也不例外。在与国外人士交往的过程中，我们不仅需要倡导自身的社交礼仪，而且需要充分了解交往对象所在国家的社交礼仪，只有如此才能确保交际顺利进行。本章主要分析中国社交文化翻译理论与实践。

第一节　人名文化翻译

一、中国人名文化

人名即人的姓名。姓名是人类所特有的一种人文符号。由于语言不同，其符号表现形式及含义也不尽相同。一般文人特别是作家都喜用笔名，如鲁迅、茅盾、老舍、冰心都是笔名。取用笔名有多种原因，或不愿公开自己的身份，或象征某种意义，或体现一种风雅等。艺名一般多用于演艺界和艺术界，如电视剧《西游记》中孙悟空的扮演者章金莱，其父亲章宗义六岁登台演戏，人称“六龄童”，章金莱师承于父亲，被称为“六小龄童”。又如，豫剧界后起之秀陈百玲，是著名豫剧表演艺术家常香玉的孙女，为了感谢祖母的栽培之恩，另取了一个“小香玉”的名字。上述“六龄童”“六小龄童”“小香玉”，都是艺名。艺名常用来表达自己的意向、专长、师承或纪念某件对自己影响重大的事情。

中国人名种类繁多，取名的来源及寓意更是复杂。不像英文名一般取于《圣经》和古典，中国人名大多以出生时、地、事以及父母对子女的希望来取名，即名中含有记时、记事、祭地、寄望等极为丰富的寓意。

如北宋著名政治家司马光，其父兄和他本人都是以地取名的。有些名字取自出生时间，如“孟春”“秋菊”等。有的取自出生时的事件，如“解放”“四清”“援朝”等。有些取自长辈对小孩的祈愿和希冀，如“荣华”，即“荣华富贵”；“成丰”，即“成就功业，丰泽社会”；“成龙”，即“望子成龙”等。

但不管名字来历如何复杂，含义如何丰富，名总归还是名，是区别人与人之间的符号。其寓意止于本人，并无区别他人之意。所以，翻译人名主要是翻译其表层形式的符号，无须去刻意表达所蕴含的深层意义。因此，音译便成为人名翻译的主要方法。根据国家有关规定，汉语拼音是外文翻译中人名、地名的唯一标准形式。

二、中国人名文化翻译方法分析

（一）姓名翻译的书写形式

中文姓名翻译的关键首先是用什么拼音文字来拼写，其次是姓与名应以怎样的顺序来排列。

中国人名、地名专有名词的英译历来比较复杂。有两套专门的拼音系统存在，一套是威妥玛—贾尔斯系统（The Wade-Giles System），通常也叫“威氏拼音系统”。这套系统由英国人威妥玛（Thomas Francis Wade，1818—1895）于1859年制定。他是一位汉学家，且在中国生活多年，并担任过英国驻华全权公使。1867年，他又根据这套系统编写了一套专为欧洲人学习汉语的京音官话课本《语言自迩集》，书中用罗马字母拼写汉语的方式，称为“威妥玛式”，原作为某些外国驻华使馆人员学习汉文的注音工具，后来扩大用途，成为在英文中音译中国人名、地名和事物名称的一种主要拼法。后来，有一位名叫贾尔斯（Herbert A. Giles，1845—1935）的英国人，也是一位汉学家、翻译家，于1892年对威氏拼法略加修改，编写了一部《汉英词典》，使“威妥玛式”成为更完整和权威的汉字注音系统和方法，故称之为“威妥玛—贾尔斯系统”。这套方法在西方和中国被普遍接受，一直沿用至今。但威妥玛—贾尔斯系统并不科学，因为它的拼音组合不标准，常用方言的发音注音，如北京Peking、广州Canton。而且，该系统将拼音中的所有浊辅音用相对应的清辅音代替，清浊不分，引起识别上的混乱，如Chang Tsekuo，到底是昌策阔，还是张泽国、常泽国，不得而知。

此外，“威妥玛—贾尔斯系统”用许多附加符号区分发音，由于附加符号经常脱落，造成大量音节混乱。[1]

另外一套方案叫汉语拼音方案。它是中华人民共和国国务院于1975年5月出台的关于中国人名、地名等专有名词翻译的规定。规定指出从当年9月起中国所有人名、地名等专有名词一律采用汉语拼音翻译。1977年8月7日至9月7日联合国在雅典召开的第三届关于规范世界地名会议上，中国提交用汉语拼音翻译中国地名等专有名词作为国际规范地名的提案获得大会一致通过。于是，1978年12月，国务院又进一步作出决定，从1979年12月起，中国人名、地名等专有名词在外文中一律使用汉语拼音字母译出，包括英语、法语、德语、西班牙语和世界语等外国语言。

根据上述文件，中文姓名的翻译应该统一用汉语拼音来拼写，姓名的排列顺序应该名从主人——按中国人姓名排列顺序姓前名后顺译，不要按英文的姓名，译成名在前姓在后。

但长期以来，按英文姓名顺序翻译的情况时有发生，特别在国际赛事场合，而中国运动员的名字被译成先名后姓，一则违反国家规定，二则造成混乱。按国家规定，汉语姓名的翻译应该遵照如下形式拼写。

（1）单姓单名：姓和名分开拼写，姓在前，名在后，开头第一个字母都要大写。例如：

姚明（Yao Ming）；

刘翔（Liu Xiang）；

张帆（Zhang Fan）。

（2）单姓双名：姓和名分开拼写，姓在前，名在后，双名连写，中间不必空格或用连字符号“-”，姓和名开头第一个字母都要大写。例如：

郭沫若（Guo Moruo）。

（3）复姓单名：姓和名分开拼写，双姓连写在前，名在后，姓和名开头第一个字母都要大写。例如：

欧阳修（Ouyang Xiu）；

---

① 国家语委标准化工作委员会办公室.国家语言文字规范和标准选编[M].北京：中国标准出版社，1997.

诸葛亮（Zhuge Liang）;
司马光（Sima Guang）;
东方朔（Dongfang Shuo）;
欧阳松（Ouyang Song）;
皇甫玉（Huangfu Yu）。

（4）复姓双名：姓和名分开拼写，双姓连写在前，双名连写在后，姓和名开头第一个字母都要大写。例如：

长孙无忌（Zhangsun Wuji）;
司马相如（Sima Xiangru）;
东方闻樱（Dongfang Wenying）;
西门吹雪（Ximen Chuixue）;
司徒美堂（Situ Meitang）。

除此之外，还需注意以下几个问题。

（1）姓和名通用首字母大写规则，也可以全部大写，但不宜全部小写。例如，王海涛要写成Wang Haitao或WANG HAITAO，但不宜写成wang haitao。

（2）无论是复姓，还是双名，如果相连的两字可能发生连读，中间要用隔音符号“’”隔开，以避免两字连读成一个音。比如，何迪安（He Di’an）；不然，就成了“何典”。同样，王熙安和王贤分别为Wang Xi’an和Wang Xian；吴承恩和吴晨根分别为Wu Cheng’en和“Wu Chen’gen”。

（3）由于复姓不如单姓简洁明快，因此随着时间的推移，不少复姓陆续演变成了单姓。例如，欧阳改作欧，司马改作司，慕容改作慕等。如果这样，那就按单姓翻译。东汉时期《风俗通义·姓氏》所收录的500个姓氏中，复姓约占1/3。而在北宋时期的《百家姓》中，收录姓氏438个，复姓1/10都不到，只有30个。从历史发展进程来看，复姓减少是一种基本趋势。但进入现代社会以来，随着同名同姓现象的日趋严重，人们开始使用复姓以缓解这一问题。当然，这种所谓复姓并非《百家姓》中的复姓，而是人们根据有关情况约定而成。比如，女子出嫁后仍保留自己的姓（娘家的姓），将丈夫的姓加在自己的姓之前，便构成双姓，如1996年当选为我国香港特别行政区临时立法会议员的杜叶锡恩、范徐丽泰等。还有一种制造复姓的途径，就是父母给独生子女取名时，让孩子姓父母双姓，再加单名或双名，如李陈东、邓郭泰安等。翻译此类姓名按照复姓或单姓加名翻译。还有的孩子的姓名干脆由父母双方的姓连缀而成，如陈程、王郑等。翻译此类姓名，按前者为姓后者为名来译。

（4）译名的缩写形式：姓全写，只缩写名，一般全部用大写字母，有时姓只第一个字母大写。例如：

姚明[Yao Ming，YAO M.（Yao M.）]；

王治郅[Wang Zhizhi，WANG ZH. ZH.（Wang Zh. Zh.）]；

张益群[Zhang Yiqun，ZHANG Y. Q.（Zhang Y. Q.）]；

诸葛亮[Zhuge Liang，ZHUGE L.（Zhuge L.）]；

司马相如[Sima Xiangru，SIMA X. R.（Sima X. R.）]。

注：国际体育比赛中，运动员的姓名往往都以缩写的形式出现在电子屏幕上，而采用的是将缩写的名字放在全写的姓前，如N. WANG（王楠）、Y. N. ZHANG（张怡宁），这样拼写都是不规范的，与国家规定是不相符的。

（5）少数民族姓名翻译均按少数民族的姓名原来的习惯照样译出，或名前姓后，或有名无姓等。

（6）在我国港台地区，由于历史的原因，大多使用威妥玛拼音，有些以先姓后名排列，也有些以先名后姓排列；有的双名之间有连字符“–”，有的又没有，且分开书写。例如：

何楚良（He Chu–liang）；

王建民（Chien–Ming Wang）；

李安（Ann Lee）。

（7）已有固定英文姓名的中国古代名人、现当代科学家、华裔外籍科学家以及知名人士，应使用其已有的固定的英文姓名。例如：

孔子（Confucius）；

孟子（Mencius）；

李政道（T. D. Lee）；

陈省身（S. S. Chern）；

林家翘（C. C. Lin）；

丘成桐（S. T. Yau）；

李四光（J. S. Lee）。

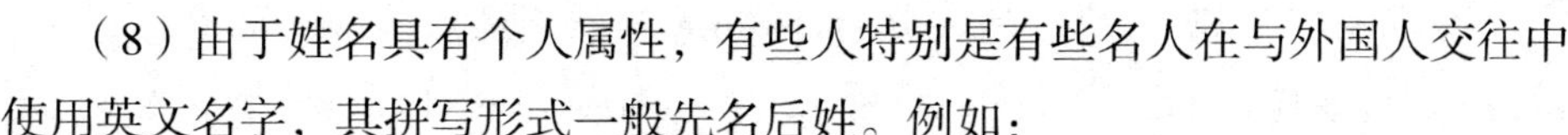

（8）由于姓名具有个人属性，有些人特别是有些名人在与外国人交往中使用英文名字，其拼写形式一般先名后姓。例如：

张朝阳（Charles Zhang）；

吴士宏（Juliet Wu）；

王大治（David Wang）。

（二）姓名翻译的审音标准

名从主人是翻译人名的国际通用规则，在形式上要按原名的顺序拼写，在发音上要按原名的发音拼出。

（1）汉民族姓名一般采用标准普通话拼音。例如：

陈建国（Chen Jianguo）；

张建中（Zhang Jianzhong）。

（2）少数民族姓名和我国港澳台地区姓名则可用原发音拼出。例如，董建华（Dong Chee Hwa），按港澳发音译出。

（3）古代人名的特殊读音及其译音。汉语中一字多音常常出现，在人名中也不例外。特别是一些古代人名的用字及读音与现在有别，翻译时要特别注意，要按原名发音译出，切莫望文生音。例如：

李适之（Li Kuozhi）（唐德宗，并非胡适之的“适”音）；

尉迟恭（Yuchi Gong）（唐朝大将，力助秦王李世民夺取帝位。李世民登基后，欲将女儿许配于他，但他以“糟糠之妻不下堂”谢绝，素为世人称道）。

（三）姓名带有字、号的翻译

字、号在古代运用比较广泛，一般文人志士都取字、号。出生时取名，成年后取字，立业后取号。名以正体，字以表德，号以抒情，如蜀相诸葛亮，字孔明，号卧龙；唐代诗仙李白，字太白，号青莲居士。此种习俗在现当代还有保留，如现代金石书画家邓铁，字纯铁，号粪翁。在正式介绍某人时，往往将其姓名和字、号一一说出。

翻译时，一般在姓名后，用style oneself..., nickname..., alternative name..., literary name..., courtesy name..., pen name等表示。[①]

例如：

（1）徐霞客（1587—1641），名弘祖，字振之，号霞客，江阴（今属江苏）人。

Xu Xiake（1587—1641），whose given name is Hongzu and who styled himself as Zhenzhi and Xiake，was a native of Jiangyin（present Jiangsu Province）.

（2）孔子生而首上圩顶，故因名曰秋云。字仲尼，姓孔氏。

Because he was born with a hollow in the top of his head，he was given the personal name of Chiu, with the courtesy name Chung-ni and the surname Kung.

（杨宪益、戴乃迭 译）

（3）贾雨村姓贾名化，表字时飞，别号雨村。

His name was Chia, his courtesy name Shi-fei, and his pen-name Yu-tsun.

（杨宪益、戴乃迭 译）

上面句（1）译文名字用汉语拼音译出，字和号只用一个styled himself来译；而句（2）和句（3）用威妥玛拼音译出，字、号分别译成courtesy name和pen-name。

① 王述文，朱庆，郦青.综合翻译教程[M].北京：国防工业出版社，2010.

第二节　地名文化翻译

一、单个地名的英译

单个地名主要是指一些城市名，河流、山川名等，不带行政区划所属。

（1）译音。专名构成的地名：

北京（Beijing）；

上海（Shanghai）；

天津（Tianjin）；

重庆（Chongqing）；

杭州（Hangzhou）；

武汉（Wuhan）；

荆州（Jingzhou）。

（2）译音加译意。专名与普通名词构成的地名：

长江（Changjiang River）；

泰山（Mount Tai）；

中山公园（Zhongshan Park）；

天安门广场（Tian'anmen Square）；

长安街（Chang'an Street）。

（3）译意。完全由普通名词构成的地名：

西湖（the West Lake）；

东湖（the East Lake）；

颐和园（the Sumer Palace）；

紫禁城（the Forbidden City）;

天坛（Heaven Temple）。

二、具体地址的英译

具体地址是指带有行政区划所属的地址，也可以说是邮件地址。中国人书写时习惯由大到小，如国—省—市—县—乡镇—村这样的方式，而英语的方式刚好相反，由小到大。这是由于中西方文化习惯和思维方式不同所致，中国人偏重整体思维，求同存异；西方人偏重个体思维，求异存同。[①]所以，翻译这类地址一般按先小后大的顺序译出，其排列方式刚好与汉语相反。例如：

中国浙江省杭州市学院路212号1幢108室可译为：Room 108, Building 1, No.212, Xueyuan Road, Hangzhou, Zhejiang Prov., China.

三、地名的拼写规则

（1）地名中的基数词一般用拼音书写。例如：

五台山（Wutai Shan）;

五指山（Wuzhi Shan）;

九龙江（Jiulong Jiang）;

三门峡（Sanmen Xia）;

二道沟（Erdao Gou）;

三眼井胡同（Sanyanjing Hutong）;

八角场东街（Bajiaochang Dongjie）;

三八路（Sanba Lu）;

① 王述文，朱庆，郦青.综合翻译教程[M].北京：国防工业出版社，2010.

五一广场（Wuyi Guangchang）;

李庄（Lizhuang）;

海南岛（Hainan Dao）;

东直门外大街（Dongzhimenwai Dajie）;

南京西路（Nanjing Xilu）。

（2）地名中的数字代码和街巷名称中的序数词用阿拉伯数字书写。例如：

1203高地（1203 Gaodi）;

1718峰（1718 Feng）;

二马路（2 Malu）;

经五路（Jing 5 Lu）;

三环路（3 Huan Lu）;

大川淀一巷（Dachuandian 1 Xiang）;

天宁寺西里一巷（Tianningsi Xili 1 Xiang）;

东四十二条（Dongsi 12 Tiao）。

（3）地名连写中，凡以a、o、e开头的非第一音节，如果音节的界限发生混淆，在a、o、e前用隔音符号"'"隔开。例如：

西安（Xi'an）;

建瓯市（Jian'ou City）;

天峨县（Tian'e County）;

兴安县 Xing'an County（如果省略隔音符号，就成为Xingan County，即新干县，在江西吉安地区）;

第二松花江（the Di'er Songhua River）。

（4）历史上有些地名拼写采用威妥玛拼音与现在标准拼写不一致，有的已改，有的由于已约定俗成，所以在国际交流中仍然保留使用。例如：

北京已由Peking改译为Beijing，南京已由Nanking改译为Nanjing，但北京大学和南京大学仍译为Peking University和Nanking University，青岛已改译为Qingdao，但青岛啤酒却译为（Tsingtao Beer）。

第三节　称谓语文化翻译

从文化体系上来看，汉语和英语的亲属称谓发源于两种完全不同的文化体系。虽然两种文化在很多方面存在着一些共性，但是其差异更为明显。为了更好地实现汉语称谓文化的英译，在此先对中西称谓文化的差异进行分析，然后在此基础上对称谓文化汉译英的问题进行探究。

一、中西方称谓文化差异

（一）中西方职务称谓文化差异

汉语文化中存在着很多的职务称谓，无论职务高低，几乎都有专门的称谓，并且分类详细。从整体来看，都是一个词对应一个职务，很少使用模糊的泛用词语。例如，学校校长通常用“姓+校长”，学校教导主任通常用“姓+主任”。

同时，对于机关单位中的职务称谓，就更为明确。诸如科长、厅长、部长这些职务，通常都要一一对应清楚。如果误称、误用，很可能闹出笑话。同时，在汉语各行各业中，职务称谓也得到了普遍应用，诸如律师、教师、会计、工程师等，都可以作为一个人的称呼用语。例如，我们经常听到的李会计、王律师、刘老师等。而对于有些职业，虽然有其相应的专名，但在当面称呼时尽量不要直称专名。例如，对饭馆里的服务生，如果直接称呼专名会给其不好的感觉。

在英语文化中，用职务对人称呼仅限于高级官员。例如，官职称谓类的部长、总理、总统等，以及主教、神父等。但是，在美国英语中，能用于称谓语的职务相对较少，并且相对比较模糊。例如，英语单词President可用于以下几种称谓。

（1）大学校长。

（2）总统。

（3）银行行长。

又如，英语单词Director这一称谓的使用范围更为广泛。它可以称呼类似汉语中的以下几种称谓。例如：

（1）总监。

（2）主任。

（3）局长。

（4）处长。

（5）署长。

同时，英语中的职业称谓仅有极少数头衔或职业能用于称呼。例如，比尔博士的英语对应称呼就是Doctor Bill。

在军衔、学位、职称称谓等方面，汉语和英语这两种语言则存在很多共同之处，具体体现在以下几点。

（1）通常都将职位或高级职称当作称谓。例如，博士（doctor）。

（2）比较低的一些职位都不被用作称谓。例如，助教、讲师，以及学位比较低的学士、硕士等。

（3）在军衔方面，大多采用国际通用的尉、校、将这三个大等级以及10个小等级。可直接加上姓名作称谓。

（二）中西方敬称、谦称文化差异

在社会交往中，还存在着很多敬称和谦称，其中使用恭敬的口吻对人和事来称呼属于敬称，敬称有意抬高对方，以示尊敬。用谦虚的口吻对自己及其与自己有关的事物被称为谦称。常见的敬称和谦称具体有以下几种情况。

1.对对方亲属的敬称以及对自己亲属的谦称

（1）对对方父亲敬称为令翁、尊君、令尊、尊侯，英语文化下与之对应的是your father；对自己父亲谦称为家父，英语文化下与之对应的是my father。

（2）对对方母亲敬称为令堂、令慈、尊堂、尊夫人，英语文化下与之对应的是your mother；对自己母亲谦称为家母，英语文化下与之对应的是my mother。

（3）对对方妻子敬称为令妻、夫人、贤内助，英语文化下与之对应的是your wife；对自己妻子谦称为内人、爱人，英语文化下与之对应的是my wife。

（4）对对方兄弟姐妹敬称为令妹、令兄、尊兄等。英语文化下与之对应的是your brother或your sister；对自己兄弟姐妹谦称为家兄等，英语文化下与之对应的是my elder brother/sister等。

（5）对对方子女敬称为令嗣、令郎、令子、令爱，英语文化下与之对应的是your son或your daughter。

（6）对对方孙子（女）敬称为令孙（女），英语文化下与之对应的是your grandson，your granddaughter。

（7）对同辈或晚辈（叔父母以外）的堂、表兄妹称为“贤”，如贤兄、贤从、贤弟、贤妹，英语文化下与之对应的是cousin。

（8）长对幼的称呼为贤弟、贤婿、贤侄等，英语文化下与之对应的是your brother、son–in–low、nephew。

（9）称呼与对方有关的事物为“贵”，如“贵校”“贵国”，英语文化下与之对应的是your country（government）、your school。

2.对对方著述、书信的敬称以及对自己著述、书信的谦称

对对方著述和书信敬称为大稿、大作、大著，英语文化下与之对应的是your book、your writing、your letter等；对自己的著述谦称为拙文、拙著、拙译等，英语文化下与之对应的是my book、my writing、my translation。

3.对对方住所的敬称以及对自己住所的谦称

对对方住所敬称为府上、尊府，英语文化下与之对应的是your house或your room；对自己住所谦称为舍下、寒舍，英语文化下与之对应的是my house或my room。

4.对对方见解的敬称以及对自己见解的谦称

对对方见解的敬称为高见，英语文化下与之对应的是your opinion；对自

己见解的谦称为鄙见、愚见，英语文化下与之对应的是my opinion。

事实上，在英语中，谦称几乎没有，仅仅有少量敬语。例如，your/her/his excellency是对president、minister、governor、bishop以及ambassador等高级官员和教士的敬称。第二人称thou（您）作敬称时，人们仅在祈祷时对上帝才用，或在诗中偶有踪迹。

（三）中西方称谓认知理念差异

1.汉语文化下称谓认知理念

从称谓认知理念来看，汉语文化下以职务相称非常普遍且很流行，并且广为人们接受和认可，这在很大程度上是因为通过这些职位称呼来体现出人们之间相互尊敬的意识。事实上，职务就是所谓的“官职”，这种官本位观念在大众心中日益根深蒂固。汉民族的称谓文化也在很大程度上受到儒家文化的影响，自古以来，就有“名不正则言不顺”这一说法，并且这些对我们汉民族的文化产生了非常大的影响。

2.英语文化下称谓认知理念

在英语文化中，很多人认为，官职只是一个职业，和社会地位没有太多关系。并且受到基督文化的影响比较深，因而英语文化下人们的称谓文化体现出比较明显的崇尚平等、自由的理念。

（四）中西方亲属称谓的差异

从整体而言，汉语和英语的亲属称谓差异非常明显，主要表现为汉语称谓叙述式和英语的类分式。下面就对这两大特点进行具体分析。

在汉语称谓文化中，其显著的叙述式特点是对几千年来亲族民俗“九族五服制”的继承，不仅包括由血缘关系发展而来的血亲及其配偶系统，而且还包括由婚姻关系发展而来的姻亲及其配偶系统。亲属称谓整体上呈现出了详细、错综复杂的特点，同时还对父系、母系亲族及直系、旁系亲族进行了严格的区分，并标明了尊卑辈分和长幼顺序。

英语文化下的亲属称谓则表现出显著的类分式的特点，具体指的是以父辈对家庭成员进行分类，所承认的血缘也有以下五种基本形式：父母、子女、祖父母、孙儿孙女、兄弟姐妹。在此五种等级中，第一等级包括我自己、我的兄弟姐妹以及种种从表兄弟姐妹之属。第二等级包括我的父母及其兄弟姐妹和种种从表兄姐妹之属。第三等级包括我的祖父母及其种种从表兄弟姐妹之属。第四等级包括我的儿女以及他们种种从表兄弟姐妹之属。第五等级包括我的孙儿孙女及其种种从表兄弟姐妹之属。根据这五种等级，父母、子女、祖父母、孙儿孙女、兄弟姐妹都有具体称谓，其他亲属没有更精确的称谓。例如，父母这一等级中，父亲被称为father，母亲称为mother，父母的兄弟和种族从表兄一律称uncle。uncle这一称谓包括汉语亲属称谓中的伯父、姑父、叔父以及母亲的兄弟和她姐妹的丈夫。可见，英语亲属称谓系统并不标明亲属是父系或者母系、直系或旁系，更不区分亲族的排列顺序，它以辈分为标记对亲缘关系进行区分。

（五）中西方泛亲属称谓的差异

在汉语文化中，还有一些亲属称谓可用于非亲属的关系。通常用这种相对比较特殊的亲属称谓语来表示说话者对对方的亲近与尊敬。例如，如果遇到一位年长的、不熟悉的妇女就可对其如此称谓：大妈、阿姨、奶奶。然而，在英语文化下，这种称谓方式在通常情况下不太妥当。在英美国家中，一些小孩子往往会对其父母的密友称呼为Aunt或Uncle，然而，在成年人之间，却很少如此称呼。

此外，还存在着一种现象，汉语文化中为了表达对某人的亲切或尊敬，用“姓或者名+哥（姐）”对别人进行称呼。例如，王姐、强哥等。但英语文化中不存在这一现象。

二、中国称谓文化翻译方法分析

通常情况下，比较常见的汉语称谓文化的翻译策略有如下几种。

（一）零译策略

零译策略就是对敬称、谦称不译的翻译策略，具体指的是针对汉语称谓文化中经常使用的敬称、谦称，在英语文化下却使用人称代词的情况。例如：

雨村起身也让道："老先生请便。晚生乃唱造之客，稍候何妨。"

（《红楼梦》）

"Don't stand on ceremony, sir." said Yuchun, rising. "I am a regular guest there, I don't mind waiting."

本例在翻译时，用 I 替换了汉语中的谦称"晚生"，很好地遵循了英语的表达习惯。

（二）淡化策略

淡化策略具体指的是为了增强译文的可读性，对一些源语中比较常见而译入语中罕见或空缺的称谓语，依照译入语的语言习惯进行翻译。这种翻译方法对于文化内涵丰富并且比较复杂的汉语称谓语的英译比较适合。此时译出最基本的指称意义即可，用淡化翻译策略使译文更为流畅、简洁。例如：

"梅表姐，我劝你有空多看看新书，好在琴姐家里有。"觉慧说。他认为新书可以解决一切问题。

（《家》）

"Cousin Mei, why not read more of the new books? Chin has some here," said Juehui. He thought the new books could solve all problems.

本例在翻译时，将"梅表姐"译为Cousin Mei，就很好地采用了淡化翻译策略。

（三）约定俗成译法

汉语中的很多称谓都可采用约定俗成的方式直接译之。这种称谓文化的翻译策略在日常交往中也被运用得非常普遍（见表5–1）。

表5–1 称谓词约定俗成翻译例词

汉语称谓	英语称谓
父亲	father
母亲	mother
孙儿	grandson
孙女	granddaughter
女儿	daughter
儿子	son

（四）归化翻译策略

针对汉语文化惯用排行称谓而英语文化多用姓名称谓这一情况，在进行翻译时可采用归化翻译策略，将汉语的排行称谓翻译成英语的姓名称谓。例如：

“四妹，时间不早了，要逛动物园就得赶快走。”

四小姐蕙芳正靠在一棵杨柳树上用手帕揉眼睛。

“九哥，他是不是想跳水呢？神气是很像的。”

（茅盾《子夜》）

“Huei–fang !” he called. “It 's like getting late.We 'll have to get a move on if you want to see the zoo.”

Huei–fang was leaning against a willow, dabbing her eyes with a handkerchief.

“Chin–Shen, was he going to throw himself into the pond? He looked as if he was.”

本例在翻译时，采取了归化翻译策略，为了与英语文化的习惯相一致，用名字取代了汉语惯用的排行称谓。

（五）直译+注释策略

对于一些直接翻译或按照约定俗成策略翻译容易造成理解上偏差的情况，为了更便于读者的明确认识和理解，通常采用在原先翻译的基础上加注释的翻译策略（见表5–2）。

表5–2　汉语称谓词翻译直译+注释法例词

汉语称谓	英语称谓	英语注释
兄	brother	elder brother
弟	brother	younger brother
儿媳	daughter–in–law	son’s wife
女婿	son–in–law	daughter’s husband
姐夫	brother–in–law	husband of one’s elder sister
妹夫	brother–in–law	husband of one’s younger sister
岳父	father–in–law	wife’s father
公公	father–in–law	husband’s father
岳母	mother–in–law	wife’s mother
婆婆	mother–in–law	husband’s mother
内兄（妻兄）	brother–in–law	wife’s elder brother
内弟（妻弟）	brother–in–law	wife’s younger brother
侄子	nephew	brother’s son
外甥	nephew	sister’s son

续表

汉语称谓	英语称谓	英语注释
舅父（母）	maternal uncle（maternal aunt）	mother's brother（wife of mother's brother）
姨母（父）	maternal uncle（maternal aunt）	mother's sister（husband of mother's sister）
（外）孙婿	grandson–in–law	granddaughter's husband
（外）孙媳	granddaughter–in–law	grandson's wife

（六）泛化/具体策略

汉语和英语的一些亲属称谓语，尤其是在日常交际中比较常见的一些，都普遍存在语义泛化的情况，在进行英译时需要灵活采取泛化或具体策略来实现最低层次的对等。例如：

二姑娘、三姑娘、四姑娘、史姑娘、宝二爷，都等着呢。

All the other young ladies are there with Master Bao.

本例在翻译时，没有将源语中的“二姑娘、三姑娘、四姑娘、史姑娘、宝二爷”直接译出，而是采取具体或泛化策略，使英美读者更好地理解源语中情节的发展。

（七）转化策略

在对称谓文化进行翻译时，转化策略具体指的是对原文的观点和角度进行相应的改变，采取灵活的翻译方法对称谓进行灵活建构，这样更加便于译入语读者的理解和表达。例如：

“小栓的爹，你就去吗？”是一个老女人的声音。里面的小屋里，也发出一阵咳嗽。

“Are you going now, Shuan's Dad?” queried an old woman's voice. And from the small inner room a fit of coughing was heard.

本例在翻译时，对汉语文化中比较常见的称谓方式“孩子他爹”“小栓的爹”直接转化翻译成Dad，更加便于目的语读者理解。

第四节　委婉语文化翻译

一、中西方委婉语文化差异

与英美人相比，中国人使用委婉语的语言习惯是有过之无不及的。中国民间有“说凶即凶，说祸即祸”的畏惧和迷信心理，因而禁忌提到“凶祸”一类的字眼，唯恐因此而招致凶祸的真正来临，在不得不说的时候，就会借助委婉语来表达。请看汉语和英语委婉语相似的实例。

（一）关于死亡的中西委婉语文化差异

1.关于死亡的英语委婉语

（1）逝世/谢世/过世/去世/辞世（He has passed away）。

（2）I was told your father was gone（逝去/走了）last night. I’m too sorry to hear that.

（3）已进天堂/驾鹤西游（The old man is lucky to have been in heaven/gone to heaven）。

（4）撒手人寰（She has been released from this mortal world）。

（5）安息（The great American writer is asleep/silent for ever）。

（6）与世长辞（All the people were sorry to hear the news that the great scientist had departed from the world forever）。

（7）咽下最后一口气（Even if she was quite unwilling to leave this world）。

（8）踏上众生之路（He was not unhappy at all knowing that he would soon go the way of all flesh）。

（9）回归大自然（John sighed relieved as he knew he could pay his debt to nature）。

（10）奔向极乐世界（After being ill for so long. she eventually went to better world）。

2.关于死亡的汉语委婉语

（1）他父亲上周逝世/去世/过世了。

（2）老人昨晚走了。

（3）等我父母双亲百年之后，我才会离开此地。

（4）这位高僧早已圆寂/坐化。

（5）老先生终于驾鹤西去/寿终正寝。

（6）他可真是个好人，没想到却不幸英年早逝。

（7）我听说他家老爷子西去了。

（8）当朝皇帝已于昨日驾崩/晏驾。

（9）历史上有千千万万革命烈士慷慨就义英勇牺牲/为国捐躯。

（10）这位警官在与罪犯的斗争中以身殉国/殉职。

（二）关于生理或外观缺陷的中西委婉语文化差异

1.关于生理或外观缺陷的英语委婉语

（1）疯（mad/crazy）、精神错乱（insane）的委婉语是out to lunch、demented、not clear-headed等。

（2）胖（fleshy）、肥（fat）、过度肥胖的（obese）的委婉语是plump、chubby、well-developed、full-grown或full-figured、a little bit heavy等。

（3）瘦（thin）、皮包骨（skinny/bony/scraggy）的委婉语是slim、slender、under developed。

（4）丑陋（ugly）的委婉语是plain-looking（外貌平平）。

（5）年老（old）的委婉语是elderly、advanced in age（高寿）等，而old man/woman的委婉语是senior citizens（年长者）。

（6）残疾学生的委婉语是special students，其中盲人学生的委婉语则是visually retarded students等。

2.关于生理或外观缺陷的汉语委婉语

称“疯癫”为“精神不正常/有问题”；称“傻、痴”为“弱智”；称“哑”为“失声”；称“聋”为“耳背”“失聪”“重听”；称“瞎”为“盲”“失明”；称“肥胖”为“发福”“丰满”“发育过度”；称“瘦”为“苗条”“发育不良”；称“残废”为“残疾人”等。

（三）关于令人反感、不悦的事物的中西委婉语文化差异

日常生活中一些可能会使人感到不悦甚至恶心的事物、特征、事情、行为等通常也会有相应的委婉语。例如，飞机上的呕吐袋（vomit bag）上往往写着for motion discomfort（用于旅途中的身体不适）；癌症不说cancer，而说the big C，CD（cancer disease）或unnecessary growth；马虎、粗心不说sloppy and careless，而说absent-minded（心不在焉）；撒谎不说lie，而说not tell the truth；穷不说poor，而说needy。

另外，有一些事物、现象也会引起人们反感，是某些人不愿提及或承认的，这样也会有与之对应的替代性的委婉语。例如：经济萧条的委婉语是recession（经济不景气倒退）；飞机经济舱的委婉语是economy class（旅游舱）；罢工的委婉语是Industrial dispute（劳资纠纷）；镇压的委婉语是police action（警察行动）；二手汽车的委婉语是pre-owned car等。

（四）中西委婉语表达方式的差异

1.语言结构特点的不同

构词规律的不同决定了两种语言各自独特的委婉语表达方式，如汉语中的拆字、对联、歇后语；英语中的字母法、缩略法、谐音法等。

拆字法：把“李麻子”称为“李广林”。

对联法：汉语中还有很多用对联形式将要说的话隐藏在对联中的情形。例如，相传顺治年间，有人曾经在洪承畴家门口贴了一副对联：上联是“孝悌忠信礼义廉”，下联是“一二三四五六七”。洪承畴一看顿时气得暴跳如雷，口吐鲜血不省人事，不久便忧郁而死。原来这副对联上联无“耻”字，下联忘（谐音“王”）了写“八”，骂他是无耻的王八。这是一种迂回的表达。再如：

挖耳勺刨地——小抠

黑瞎子上房脊——熊到顶了

司机闹情绪——想不开

药王庙进香——自讨苦吃

而英语里面也有一些巧妙的表达，如ABCDEFGHIJKLMNOPQRSTVWXYZ。这是一个字母表，但是字母U落掉了。隐含的意思是：I miss you.

还有利用某些字母和单词的谐音，来婉转、间接地表达不易启齿的话：“If I can rearrange the alphabet，I will put U and I together.”

英语中还常常用首字母缩略法，如V. D代替venereal disease（性病），用the big C 代替cancer，用B. O代替body odor（狐臭）。MBA代表虽然已婚，但是依然四处寻欢求爱的人，即Married but available。而且因为英语中的脏话都是四个字母的，所以用Four-letter word来代表脏话等。

2.等级观念的不同

中国人长期以来受儒家思想的影响，讲究“上下有级，尊卑有序”。同样是死亡，《礼记·曲礼下》里说：“天子死曰崩，诸侯死曰薨，大夫死曰卒，士曰不禄，庶人曰死。”对于“疾病”的婉称也有阶级性，汉何休注云：“天子有疾称不豫，诸侯称负兹，大夫称犬马，士称负薪。”

英语中淡化种族区别的委婉语很多，如用African-Americans（非裔美国人）来代替黑人；用minorities（少数民族）来代替南美以及亚洲、非洲的移民等，就是淡化种族区别或者消解种族歧视的一种婉称。

二、中国委婉语文化翻译方法分析

（一）对等译法

有的委婉语在英汉两种语言中能够找到非常相似的表达，可作对等翻译。例如：

长眠（to go to sleep）；

没了，不在了（to be no more）；

合眼、闭眼（to close one's eyes）；

逝世（to expire）；

献身（to lay down one's life）；

寿终（to end one's day）；

了结尘缘（to pay the debt of nature）；

准妈妈（a mother-to-be）。

（二）套译法

有的委婉语在英汉两种语言中差异较大。套译目的语中的委婉语或者直接将意思译出则更简便、易于理解。例如：

身子重了/有喜了（to wear the apron high）；

身子不方便/有孕在身（to be in a delicate condition）；

可不可以用一下洗手间？（May I use the Bathroom？）；

我去办点私事。（I'm going to my private office.）；

她已有七个月的喜了。（She's seven months gone.）。

第六章
中国经典文化翻译理论与实践

中国传统文化中比较经典的方面有中医、戏曲、诗词、官职、教育、文学等。其中，中医文化源远流长，在中国古代以及现代社会中都发挥着重要作用；戏曲文化是中华民族文化宝库中的精粹；而唐诗宋词的地位也是十分重要的。中国传统文化的传播，应该让国外友人充分了解与认识中国的这些典型传统文化，从而深入了解中国文化。

第一节 中医文化翻译

一、中医文化与中国传统文化

中医文化是中国人对生命、健康和疾病所特有的智慧成果和实践的概括，包括认知思维模式、对生与死的价值观、健康理念、医患关系、诊疗方式、生活方式、药物处方和运行体制等知识体系和医疗服务体系。这一说法对中医文化概念的诠释可谓全面透彻，同时让读者对中医有了更深刻的认识。中华民族几千年的历史孕育了千年的文明和灿烂的中国文化。中医学是中华民族智慧的结晶，植根于中国的文化土壤，深受中国传统文化的影响。因此，中医学包含和体现了中国传统文化，中国传统文化指导了中医学，二者虽属两个不同的体系，却血肉相连，不可分割。

二、中医文化翻译方法分析

（一）内外有别，关注受众

根据具体翻译目的灵活多变地处理，关注受众的感受，最终依据取决于对外传播的实际效果。例如更衣丸为中医用于治疗肠热便秘之症的常用方剂，“更衣”一词源于“古人如厕必更衣”，故此方有泻火通便、安神宁心之功效，如译者直译其意为Change Clothes Pill，外国受众将无法有效理解此方剂功效，因而仍需一定的认知补充，突出特殊功效便于国外受众理解，因此可译为 Change Clothes Pill for Promoting Bowel Movement。

（二）含而不露，淡化处理

中医术语中存在许多四字句和对偶句，译者在翻译时应力求简洁恰当、信息准确，减少重复词语，避免陈词滥调。以某感冒药品说明书翻译为例进行说明。

该药品具有祛风散寒、清热解毒、宣肺平喘等多种功效。

原译文：It has the functions of dispelling wind and dissipating cold，clearing pestilence and removing toxin，diffusing lungs and discharging heat.

仅作为中文药品翻译介绍，译文描写自然是无可厚非的。但是面对尚未了解中医的国外受众而言，如果按照对这一思路来翻译原文，不仅会使受众理解上有一定的困难，而且似乎略有浮夸功效之嫌。对于该产品的翻译，译者应凸显医学信息，将其淡化处理，只强调产品的功效，应改译为It can be given to relieve flu。

第二节 经典文学翻译

一、中国古代诗词翻译

（一）中国古代诗词研究

1.诗歌的分类

诗歌的品种很多，通常是从内容和形式两方面来划分诗歌的类别。按内容的表达方式来分，可分为抒情诗和叙事诗；按表现形式来分，可分为格律诗、自由体诗等。

（1）抒情诗

抒情诗是以抒发诗人主观情感为主要特征的诗体。它通过表现作者对客观事物的独特感受和体验，展示自己的内心世界，抒发炽热的感情。因此，抒情诗往往具有自我突出、个性鲜明、感情浓郁的特点。在抒情诗中，诗人或直抒胸臆、言志述怀，或触情于景、托物言志，都是以抒情为主旨，作者的情感和个性色彩表现得特别强烈。它没有完整的故事情节，除抒情主人公外，没有其他人的形象，即使有也只是选取一鳞半爪，作为抒情的凭借。它的结构也是由作者抒发的感情联结而成。总之，抒情类的诗主要是主观的、内在的诗，是诗人自己的表现。当然，优秀的抒情诗中所表现的自我感情绝不是狭隘孤独的一己私情，它应该和时代的脉搏相呼应，和人民的感情相通融。只有这样的作品，才能与读者达到思想交流和感情的共鸣。

（2）叙事诗

叙事诗是以抒情笔调来写人叙事的诗体。它的主要特点是借写人叙事来抒发诗人的情感，将叙事与抒情结合为一体。它与抒情诗的不同是它一般都有一定的故事情节和具体的人物描写，诗人把自己的主观感情和对生活的评价融化在他所描绘的形象中，诗人的个性表现较之于抒情诗来得间接些。它虽然是叙事的，但在人物的刻画、环境的描绘、故事的进展等方面受到限制，不能铺陈开来，进行细致的刻画和详尽的描绘。它与小说、戏剧等叙事文学相比，显得故事单纯、情节简明、人物较少，写人往往是粗线条地勾勒，叙事则是高度地概括，情节的发展有较大的跳跃性。而且，它所有的叙述都是以抒情的语言、抒情的笔调来进行，篇章中还往往插有感情浓烈、直抒胸臆的诗句，以加重抒情成分。

（3）格律诗

格律诗是在语言形式上有严格要求的诗体。它节奏规范，音步固定，讲究平仄、押韵、对仗，字数、句数、章节结构均有统一规定。

（4）自由体诗

自由体诗是一种不受格律约束，在形式上比较自由灵便的诗体。这种诗在组织结构上篇无定节、节无定行、行无定字。它的节奏，也不是主要表现在音步的整齐和协调上，而是依诗人内在感情波动起伏的规律来安排。它也不甚借重外形的韵律，而求其内在的韵律。总之，它一切以适合感情的表现为准则，尽可能做到凝练而富于诗味、诗美。

2.中国古代诗词的风格

（1）田园山水诗的风格

人与自然的关系反映到审美观照与欣赏的活动中，是以两种向度和两种心态的形式体现出来的，那就是自然的人化和人的自然化。自然的人化实质上是人对自然的一种意念化和定格化，即审美主体在欣赏自然美时带有主观选择性，自然美能否成为现实的审美对象，取决于它是否符合审美主体的道德观念。因此，在对自然进行解释时，就往往带有主观规范性，这种审美向度的源头可以追溯到孔子那里。对大自然的观照在中国古代诗人的审美心理上是有过一段过程的。先秦时期的诸子百家注重于品德修养，而忽略了对大自然本身美的欣赏。这时期的理论家以孔子和庄子为代表，他们虽在审美对象上有选择差异，但通过对自然山水的观照以达到“道”的升华的目的却是相同的。

在这种理论的影响下，中国最早的诗歌《诗经》并没有出现纯粹的山水诗。孔子所提倡的学《诗经》可以“兴观群怨”“迩之事父，远之事君”“多识草木虫鱼之名”，也是看重《诗经》的教化作用和增长知识的作用。《诗经》中有一些对山水的描写。例如：

蒹葭苍苍，白露为霜。所谓伊人，在水一方。

（《蒹葭》）

关关雎鸠，在河之洲。窈窕淑女，君子好逑。

（《关雎》）

伐木丁丁，鸟鸣嘤嘤。出自幽谷，迁于乔木。

（《伐木》）

这样的描写只是把山水当作劳动和生活的背景，或者把山水当作比兴的媒介，并不具备独立的审美价值。

《楚辞》中对山水的描写开始丰富起来，出现了许多美丽动人的画面。例如：

表独立兮山之上，云容容兮而在下。
杳冥冥兮羌昼晦，东风飘兮神灵雨。
……
雷填填兮雨冥冥，猨啾啾兮狖夜鸣。
风飒飒兮木萧萧，思公子兮徒离忧。

（《山鬼》）

这显然比《诗经》前进了一步，但山水依然处于从属的地位，是作为《楚辞》作家发泄心中的苦闷和寄托美好理想的附属品，山水仍然没有从人的道德观念的束缚中独立出来。

（2）边塞诗的风格

以边塞为题材的诗在唐代极为流行，盛唐时蔚为壮观，具有豪爽俊丽而风骨凛然的共同风貌，创造出了清刚劲健之美。唐代边塞诗的历史源头可以追溯到《诗经》那里，下面这篇《秦风·无衣》就颇有此类诗的风味：

岂曰无衣？与子同袍。王于兴师，修我戈矛，与子同仇！
岂曰无衣？与子同泽。王于兴师，修我矛戟，与子偕作！
岂曰无衣？与子同裳。王于兴师，修我甲兵，与子偕行！

这首诗作于秦文公时，表达了秦国官兵同甘共苦、同仇敌忾的气概，互勉互励，要对西戎进行战斗。诗中气势豪迈，催人奋发。

《楚辞》中也有抗敌卫国的歌曲，则直接描写战争的场面，如《国殇》：

操吴戈兮被犀甲，车错毂兮短兵接。
旌蔽日兮敌若云，矢交坠兮士争先。
凌余阵兮躐余行，左骖殪兮右刃伤。
霾两轮兮絷四马，援玉枹兮击鸣鼓。
天时怼兮威灵怒，严杀尽兮弃原野。
出不入兮往不反，平原忽兮路超远。
带长剑兮挟秦弓，首身离兮心不惩。
诚既勇兮又以武，终刚强兮不可凌。
身既死兮神以灵，魂魄毅兮为鬼雄。

这写的是秦楚之间的一场车战，歌颂广大将士为国献身，以鼓舞人民复仇抗秦。通篇诗句勇武刚健，是一首激烈悲壮的战地歌曲。

在汉乐府中，就有了反映屯边战士生活的诗篇，情辞极为凄苦。例如：

战城南

战城南，死郭北，野死不葬乌可食。
为我谓乌：且为客豪。野死谅不葬，腐肉安能去子逃？
水深激激，蒲苇冥冥，枭骑战斗死，驽马徘徊鸣。
梁筑室，何以南？何以北？
禾黍不获君何食？
愿为忠臣安可得？
思子良臣，良臣诚可思。
朝行出攻，暮不夜归！

十五从军征

十五从军征，八十始得归。
道逢乡里人，家中有阿谁？
遥望是君家，松柏冢累累。
兔从狗窦入，雉从梁上飞。
中庭生旅谷，井上生旅葵。
舂谷持作饭，采葵持作羹。
羹饭一时熟，不知饴阿谁。
出门东向望，泪落沾我衣。

第一首是悼念阵亡将士的悲歌，表达了人民反对并诅咒战争的意愿。第二首记述了一位服役老兵退伍后，回家看到的悲惨情景，表现了战争的残酷性。

魏晋之际，天下大乱，连年战火不息，三曹、七子及七贤中都有反映战乱的诗篇。例如：

咏怀诗

阮籍

壮士何慷慨？志欲威八荒。
驱车远行役，受命念自忘。
良弓挟乌号，明甲有精光。

临难不顾生，身死魂飞扬。
岂为全躯士，效命争战场。
忠为百世荣，义使令名彰。
垂声谢后世，气节故有常。

上述诗歌写得慷慨悲壮、雄浑豪放，很能代表和体现汉魏风骨。

（二）中国古代诗词的语言特点

1.集中凝练，表现力强

任何体裁的文学作品，都要求集中概括地反映生活，而诗歌则要求高度集中凝练地反映生活，以表达深刻而强烈的思想感情。这是因为各种文学体裁都有各自特殊的性能，诗歌反映生活不是以广泛性和丰富性取胜，而是以集中性和深刻性见长。它要求选择最富有特征的事件或情景，以表现诗人的独特感受，并反映出生活的某些本质。所以，诗歌所吟咏的，无论是瞬间的感受还是较长一段时间的生活，无论是以抒情为主还是以叙事为主，都要求用最凝练的语言，通过高度凝聚的艺术形象表现出来。诗歌要做到集中凝练，首先，要求诗人敏锐地抓住感受最深、表现力最强的生活片段来表达情思；其次，要求诗人选择最凝练的诗句来提炼最富于艺术概括力的形象。优秀的诗歌总是在语言方面体现出以少胜多、以一当十的特点。

2.饱含激情，富于想象

诗歌形象的创造离不开诗人炽热的感情和丰富的想象。诗人往往是在生活中被某些事深深感动，情满胸怀，才发而为诗的。诗总是把人的精神世界袒露出来给人看，好的诗都是激情的果实。诗的本质专在抒情，情感的强烈与否，是我们区分诗与非诗的界碑（如快板、顺口溜等）。当然，抒情不是诗歌垄断的专利品，但诗歌情感的深厚性、独立性、外显性，是其他一切文学都不能望其项背的。诗歌的炽烈情感和诗人丰富的想象往往密不可分。情感推动、鼓舞想象的发展，同时又润饰、丰富想象的色彩和内容。而想象也强化、丰富了情感，有助于更深刻地抒发诗人的感受。想象，是诗的重要生产力，是诗人创造艺术形象的能力，是使诗人冲出实际生活拘囿樊笼的翅膀。大胆飞跃的想象，会使现实中的一草一木都充满盈盈的诗意。

3.诗词语言的诗意建构

高度诗化的语言使诗词语言与散文语言划清了界限，闪烁着独特而耀眼的光芒。这里的散文是指古代散文，即除诗词之外的散体文章。从外在形式来看，散文没有任何的束缚和限制，句式长短不一，不要求对仗工整，排列整齐，也不要求押韵和声调的平仄相间、抑扬顿挫，而诗词却要求句式规整，对仗严谨，音韵和谐，在篇幅字数、韵律节奏等方面有着严格的限制和规范。然而这些只是表面的区别，其根本区别在于语言的组织和表现方式。

由于散文侧重叙事、论述和说理，而诗词以抒情遣兴为本，这就造成了散语和诗语在表达逻辑和造句规则上形成了极大的差异。散文起源于甲骨卜辞，其语言功能在于记录和传递信息，要求表达的准确性，因此必须严格遵循线性逻辑和语法规则，根据作者的表达需求作客观现实的描摹和叙述，字句段落之间要衔接紧密，以实现陈述和交流的目的。而诗歌起源于劳动歌谣，需要借助节奏和音乐来促进情感的高涨与沸腾，其语言功能在于抒发感情，因此诗词的语言更加追求情感上的表达效果，不讲求客观的写实，呈现出一种跳跃式的逻辑原则，这种跳跃式的逻辑原则主要体现在词语或意象的组合搭配上。诗词由于受到篇幅和字数的限制，无法像散文那样对景物或事实展开描写，而只能选择特定的场景、特定的物象或特定的瞬间等来作灵活自由的勾勒和刻画。这些由作者主观选择的成分或词汇彼此之间并没有必然的客观联系，而是依靠背后共同的情感倾向维系在一起，具有强烈的暗示性和象征性，区别于散文语言的准确性和直接性。词语和意象的不同组合能带给读者不同的新鲜感受，同时诗词还受到声律的制约，因此作者在创作时就需要锤炼字词的使用，以此来增强情感的表达效果。跳跃式的表达逻辑还体现在句法和章法的凝练和布局上，诗人们往往采用矛盾逆折、成分压缩、语序倒装等来丰富诗词的层次，即使提供的意象、画面等较为零散，读者仍然能够从中体会到情感的完整，同时给读者留下更多的想象空间，增大诗质的密度，因此诗词语言具备了散文语言无法超越的张力和弹性。由于诗词语言不像散文语言那样作连贯的叙述，为了使全诗不致散漫，诗人在章法上也追求“语不接而意接”[①]，字与字、行与行之间层层联络，相互照应，使诗词最终成为一个前后结合、联系紧密的有机体。黑格尔指出：“诗是停留在内容与形式的未经割裂和联系的客体性的统一体上。”[②]可见，诗词语言独特的魅力离不开诗人对诗词各个形式要素的锤炼和审美自觉。

4.富于音乐美

诗与音乐有着非常密切的血缘关系。古代的诗大都是可以入乐歌唱的，不入乐的诗，其语言也按一定的规律进行组合，使之具有和谐上口、铿锵悦耳的音乐美。然而到了现代，涌现出大量无格律、不押韵、音节不齐的新诗，这当然不能视为诗与音乐关系的弱化。现代诗歌十分注重以语言声音的内在节奏、情感的内在旋律来展现诗人广阔而复杂的内心世界。诗必须有韵律，这种韵律在自由诗里偏重于整首诗内在的旋律和节奏，而在格律诗里则偏重于音节和韵脚。这话点明了诗歌音乐美存在着外在因素与内在表现，我们对诗歌的音乐美，应作全面的理解。

首先，诗歌音乐美的外在因素能使语言具有和谐悦耳的效果。这方面的因素包括节奏、韵律、声调、双声、叠韵、复沓等，而最重要的是节奏和韵律。节奏是诗句中的音步和声音的强弱、长短等因素构成的抑扬顿挫的音乐感。音步又称为“顿”，是指诗句有规律地间歇停顿，好比音乐中的节拍。所谓韵律，就是和声押韵的规则。就押韵来说，一般在每句或隔句的末尾用韵相同或相近的字。押韵可以使合乎韵律的相同的声音在诗歌中形成有规律的反复，给诗歌的声音组合创造一种回环往复、抑扬顿挫的音乐美。

其次，诗歌对内在音乐美的注重更能增添感人的魅力。诗的内在音乐美是指复杂多样的感情在诗中音乐性的流露，它是通过语言的选择、粘连而形成的一种微妙的、含着感情情绪波纹的音乐曲线。当然，诗的音乐美的外在与内在因素，是相互兼容、相互配合的。二者自然的合奏，使诗产生荡气回肠的音乐美，从而加强了诗歌的表现力和感染力。

---

① 方东树.昭昧詹言[M].北京：人民文学出版社，1961.

② 黑格尔.美学[M].北京：北京大学出版社，2017.

5.具有形式美和韵律美

中华古典诗词之所以具有形式美和韵律美，是由汉字的特点决定的。汉字作为世界上流传最久远的表意文字，不仅是中国文化得以记录和传承的精华与脊梁，也是汉语具备诗性语言特征的基础，在诗歌创作上占尽了优势。

汉字是象形表意的文字，具有象征性和直观性的特征，其生成机制是声义同源，音符在形体之上，意义又在音符里，这就使汉字具备了优越于其他拼音文字的视觉形象和音韵形象。汉字结构以象形为基础，在创作之初融入了人们对自然万物的描摹和理解，渗透了人们的情感态度和价值取向，使汉字承载了丰富的思想内容。字形与人的思想感情产生联系，由此汉语词语也充满着暗喻和表意形象，充满着意象生发的潜质，在此基础之上的诗词也就具备了含蓄蕴藉的艺术特色。汉字的方形结构以其横平竖直的排置结构和相等的面积，有着线性排列的拼音文字所无法比拟的视觉美感，进而带来了诗词的形式规整之美。由于汉字是音形义的结合体，一个汉字对应一个音节，每个音节又包括声母、韵母和声调，这又为诗词中双声叠韵词的使用、句末的押韵和音律上的抑扬顿挫、平仄相间之美提供了可能。汉语以字作为表意的基本单位，在语言学上属于孤立语，缺少形态变化，在性、数、格、时态、语态等方面没有严格的限制，因此组句时对语义的讲求大于句法的考虑，更多地依靠表达的需要。注重“意合”的特点使汉语在组合上具有很强的灵活性、跳跃性和自由度，这一点在诗歌创作中直接呈现为意象的密集，这是由于受到篇幅的限制，诗人为了在有限的篇幅中传达出深刻的意蕴，往往采用语序的颠倒、省略、压缩等来实现“言简义丰”的目的。可见，诗歌创作的过程就是汉字中各个要素的重现和整合的过程，最大化呈现汉字的特点，这是其他文体难以企及的。

（三）中国古代诗词的翻译方法分析

诗词是一种运用高度精练、有韵律且富有意象化的语言来抒发情感的文学样式，是具有一定外在形式的语言艺术。诗词用优美的形式表达思想、传递情感，可以咏志，可以言情，可以表意。诗词翻译是沟通世界文学艺术的一个重要渠道，也是促进诗词发展的重要方式。

下面综合一些译者的观点，分析中国古诗词的翻译技巧。

1.注重诗词的形式

众所周知，古代诗词所表达的形象往往与作者思想是紧密相关的，诗人喜欢利用一些恰当的表现方法来表达自己的思想和情感。对于这类诗词的翻译，通常合理的做法是采用形式翻译，以确保所翻译的译文在形式上与原文具有一致性，从而准确传达原文的形式美，体现原文的韵味。

在诗词中，诗词的形式与内容密切相关。诗人如果想要全方位地传达自己的思想，就需要利用具体的物象来传达。进一步而言，形式翻译的过程中需要注重以下两个方面。①

第一，对诗词的形式进行保留，译者需要注重准确传达诗词所含有的文化特性以及内涵，这是首要的，进而保留诗词的形式，从而实现诗词翻译的形式与韵味的双重体现。

第二，保留诗词原文分行的艺术形式。不同的诗词使用的分行格式是不同的，格式在一定程度上也体现着诗词的意蕴，是作者不同思想意图的传达，因而译者在翻译过程中需要充分考虑诗词分行中所产生的美学意蕴，给予最大程度的保留。

在诗歌形式上，屈原打破了《诗经》整齐的四言句式，创造出句式可长可短、篇幅宏大、内涵丰富的“骚体诗”，开创了中国浪漫主义的先河。因而，原文诗歌形式的再现对于“骚体诗”的再现具有重要的意义。许渊冲认为，“形美”指译诗在句子和对仗工整方面尽量做到与原诗形似。②但是许渊冲所追求的并不是对号入座的“形似”，根据许渊冲的翻译诗学观，在诗歌形式的处理上，他兼顾翻译规范、目标读者的阅读习惯以及审美倾向等因素，在忠实于原文的基础上合理使用归化策略，在传达出原文内涵的同时，尽可能地实现形式美。例如：

掔木根以结茝兮，贯薜荔之落蕊。

① 张欢.浅析文化语境对诗歌英译的影响[J].今古文创，2021（18）.

② 许渊冲.文学与翻译[M].北京：北京大学出版社，2003.

矫菌桂以纫蕙兮，索胡绳之缅缅。

I string clover with gather wine，oh!

And fallen stamens there among.

I plait cassia tendrils and wine，oh!

Some strands of ivy green and long.

在翻译上，许渊冲根据英汉诗歌的异同，使用英语诗歌的平行结构再现原文诗歌的形式美，同时也实现了原诗的意美。许渊冲的译文在句式方面，照顾到目标读者的阅读习惯，补出了主语 I，构成英语SVO结构，第一、第三句的字数对等，构成主语对主语，谓语对谓语的结构，给人以视觉上的美感。另外，译者发挥译语优势，在兼顾原诗形美的前提下，用等化的译法将“落蕊”“菌桂”逐一译出，fallen stamens，cassia tendrils，strands of ivy green，再现了原文的意象，从而使读者知之、乐之、好之。可见，许渊冲基于原文的基础上用符合英语语言规范的方式表达，充分调动自己的审美能力和创造能力，根据原诗内容选择恰当的译诗形式，将原诗的神韵传达出来，做到了形神兼备。

2.传递意境美和音韵美

这就是强调在保留原诗形式美的基础上，要传递原诗的意境美和音韵美。在音韵美方面，要求译作忠实地传递原作的音韵、节奏以及格律等所体现的美感，以确保译文富有节奏感，且押韵、动听。在意境美方面，要求译诗与原诗一样可以打动读者。

在进行翻译时，译者要注意语言与文化方面的问题，尽量创作与原文在形式、音韵、意境上相对等的作品。

《离骚》意象的特点是“寄情草木”和“托意男女”，诗歌里的意象是诗人情感的寄托。在文化翻译的过程中要尽可能忠实地传达我们的文化，但是“对外交流时过度强调原汁原味，无异于难以下咽的中草药，若人家没有喝这苦汁的习惯，那也只好作罢”。许渊冲的“三美论”有所侧重，他认为：“我把‘意美’放在第一位，可见我并不主张‘牺牲内容’；我把‘音美’‘形美’放二三位，可见我并不‘过分强调形式’。”[①]可见，许渊冲译诗最讲究的是传达诗的内涵意义，却又不过分拘泥于原诗。

二、中国古代散文翻译

（一）中国经典散文研究

1.散文的定义

散文是一种选材广泛、抒写真情实感、结构自由灵活、篇幅简短的文学体裁。说到散文，其实有广义和狭义之分。广义的散文就是我国古代与韵文相对的文学样式，凡是不押韵的文章统统被划归到散文的范围。也就是说，不管它是文学性的，还是实用性的，只要是无韵散体，都叫散文。显然这与我们今天所说的散文存在较大的差距。在中国，狭义的散文概念，是近代才出现的。当时，随着文学审美性的加强，外国文学理论的传入，人们将一些非文学性的实用文章、议论文章、学术文章排除在文学之外，于是，狭义的散文概念得以形成。

2.散文的结构

（1）选材广泛，细节见长

其他文学体裁的创作都具有广泛的选材范围，但与散文相比总多少受到一些限制。例如，戏剧选取那些矛盾冲突、具有悬念的事件；小说要写情节性的题材；电影电视要牢牢抓住观众，必须体现屏幕意识。而散文的选材就没有种种限制，它无所不包，天文地理、风土人情、思古访旧、感时抒怀，尽收笔底。诚如周立波所说，散文选材“真正广泛到极点，举凡国际国内的大事，社会家庭的细故，掀天之浪，一物之微，自己的一段经历、一丝感

① 许渊冲. 翻译的艺术[M].北京：中国对外翻译出版公司，1984.

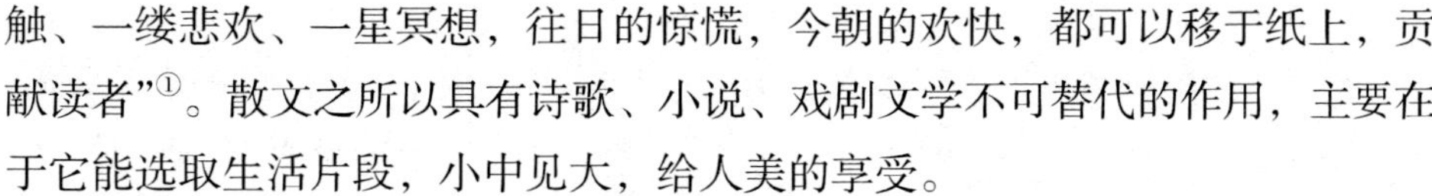

触、一缕悲欢、一星冥想，往日的惊慌，今朝的欢快，都可以移于纸上，贡献读者”①。散文之所以具有诗歌、小说、戏剧文学不可替代的作用，主要在于它能选取生活片段，小中见大，给人美的享受。

（2）结构自由，篇幅简短

散文结构不像诗歌那样要求高度集中，也不像戏剧文学那样分幕分场，可以忽东忽西、忽古忽今，甚至天上与人间、神话与现实融为一体。通常讲的散文“形散”，就是指散文结构灵活多变。然而，散文自由灵活的结构都是为强化作品的情感意蕴服务的，这就是所谓的“形散而神聚”。因而，散文的篇幅一般都比较简短。

3.散文的分类

散文的分类方法也是多样的。最常见的是按照作品的描述内容、表现方式的不同，分为叙事散文、抒情散文和议论散文三大类。叙事散文借写人叙事抒发作者的真实感受，表达自己的思想情感。其主要的作品样式有报告文学、人物传记、回忆录、游记等。抒情散文大多借状物绘景抒发作者的内心情感。其常见的作品样式有小品文和部分随感、杂谈。议论散文主要以议论、说明的方式阐释事理、传达作者的感受和思想。最常见的作品样式是杂文、随笔等。

（二）中国经典散文的语言特点

1.简练、畅达

散文要求简练、畅达。简练的散文语言不仅能够将所要表达的内容传达出来，还能够表达作者对人、对物的态度。这不是作者精心雕刻的，而是作者最朴实的情感表达。畅达的散文不仅能够让词汇挥洒自如，还能够让情感表达自由自在。总之，二者是相辅相成的关系，是散文重要的生命线。

---

① 王一川.文学理论[M].成都：四川人民出版社，2003.

2.口语化、文采化

散文作者会使用自己的姿态、声音、风格等讲话，向读者倾诉、恳谈，能充分展示其说话的风格和个性。因此，散文的口语化更加浓重。散文的口语化特征，并不是说其失去了文采或是不讲究文采，其常常有“至巧近拙”的文采。

3.节奏整齐、顺畅

众所周知，散文具有很强的节奏感，这主要在其声调的分配上有合理的展现。散文的节奏感还体现在句式的整散交错以及长短句的紧密结合。正是因为散文的节奏整齐，让读者在阅读时能够朗朗上口，感觉到顺畅自然。①

（三）中国经典散文翻译方法分析

1.动态、静态转换

语言是人对客观世界的一种反应方式，也有动态和静态的不同表达。静态的表达往往会把事物的运动和变化描述为一个过程或状态。而动态的表达法则注重引起变化或运动过程的行为、动作。英语句子基本意义常常用静态表达，而汉语则通常用动态表达。

这白衣的安琪儿，抱着花儿，扬着翅儿，向着我微微地笑。

The angle in white was smiling at me, her wings stretching, with a bunch of flowers in her hands.

上述例子中，汉语句子本身是四个小分句并列，三个动词“抱着”“扬着”“向我微笑”，似乎平行结构，但是分析发现并不是都可以作主体成分，抱着、扬着只是它本身所伴随的一种状态，所以将其处理为伴随状语。因为从句子成分上来看，静态的语言表达法主要是主语、宾语，及其二者的定语、状语及独立成分，用独立主格的成分，刚好可以表达其动态效果，同时主次又较为分明。

① 张保红.文学翻译[M].北京：外语教学与研究出版社，2010.

不是乱吹，这就是知识啊！

It has nothing to do with exaggeration，but it is knowledge!

在上述这句话中，我们说汉语“乱吹”或“吹牛”是一个动词，而在翻译的时候可以将这一动词转化为exaggeration这一抽象名词，因为英语中的名词常常行使汉语中的动词的功能，同时使用抽象名词也能表现文本的正式程度。

在我想到她的健康而不放心的时候，我欲落泪。

At the thought of her health，I am in such great anxiety that I am to shed my tears.

上述例子中，首先“在我想到”是一种动作表现形式，翻译为when I thought…，笔者认为也不是不可以，但是句子的层次是想到健康继而不放心最后导致欲落泪，所以将想到转变为介词短语结构，首先符合英语静态的思维方式，表现得更为庄重，其次可以将句子的主次划分清楚，将句子的核心部分体现出来。

2.竹状、树状结构转换

英语是典型的树状结构，主谓明确，其他成分往往借助各种形式手段连接在主干上，使主干不断延伸，句子成分随时可以加以修饰，而其他成分又可以被另一种成分修饰。汉语则不受这种语法的限制，只要语义没有错误，可以是多个无主句并列。例如：

我翻译莎士比亚，本来计划于课余之暇每年翻译两部，20年即可完成，但是我用了30年，主要原因是懒。

译文1：

Taking my translation of Shakespeare for example. I had intended to finish two plays in my spare time every year，and finished the whole project in 20 years. But I spent 30 years due to my laziness.

译文2：

Take the translation of Shakespeare for example. I had initially planned to spend 20 years of my spare time in doing the translation，finishing two plays a year. But I spent 30 years instead，due primarily to my slothfulness.

上述中文这段话由五个短句组成，将前四个分句作单独的分句翻译。将译文1和译文2对比发现，译文2将中间两句合并为一句话，仔细想来作者所说的闲暇时间是属于20年中的一部分，是一个所属结构，而译文1将其僵硬地翻译为两个分句，结构上显得松散，且也不符合英语的思维方式，它不像汉语一样层层递进，而是主属有别。

人的头盖骨，结合得非常致密与坚固，生理学家和解剖学者用尽了一切的方法，要把它完整地分出来，都没有这种力气。后来忽然有人发明了一个方法，就是把一些植物的种子放在要解剖的头盖骨里，给它以温度与湿度，使它发芽。一发芽，这些种子便以可怕的力量，将一切机械力所不能分开的骨骼，完整地分开了。

The skull of our humankind is so tightly and solidly integrated that physiologists and anatomists fail to accurately separate it no matter how hard they try. Then a method happened to be put forward by putting some seeds of a plant in the skull with appropriate temperature and moisture so that they could sprout. The seeds grow with such horrible power that they can instantly part the skull which al the machines fail to do.

原文是典型的汉语特点，在读到原文时，思维确实有点乱，不知该如何下笔翻译，因为这么多分句要找准句子的主谓结构不是特别容易，但是可以确定的是各个成分之间都是有着必然联系的。刚开始译时，觉得前两句处理为一个定语从句结构（The skull of our humankind is tightly and solidly integrated and physiologists…），虽然我个人认为这样翻译从语法结构上并没有错误，但是并没有把“结合紧密”和生理学家、解剖学家想尽办法无法分开这样一种因果状态表现出来，后来改为so…that 句型，不仅将逻辑关系表现出来，同时句子的流畅性较之前也更好一些。此外，也借助这种连词形式将汉语的分句整合为一句话，这也体现了英语句子的特点。

它为着向往阳光，为着达成它的生之意志，不管上面的石块如何重，石块与石块之间如何狭，它必定要曲曲折折地，但是顽强不屈地透到地面上来。它的根往土壤钻，它的芽往地面挺，这是一种不可抗拒的力，阻止它的石块，结果也被它掀翻。一粒种子的力量如此之大。

To strive for the sunlight, they tenaciously struggle to grow until reaching the ground no matter how heavy the above rocks and how narrow the gap between them.

They take roots in the soil but grow out of the ground. They are so irresistible that all the rocks in their way would be overturned. How powerful the seeds are!

上述这段话分句也特别多，但是汉语的行文读下来都很顺畅，当然其中也包含了一些逻辑关系，通过第一句目的状语，将主句的结构确定为“它必定要曲曲折折地，但是顽强不屈地透到地面上来”，其他部分则以附属成分加在主语之后，将整个句子串联起来。英语和汉语的语序也作了一定的调整，这样使英语的主轴和修饰成分看得更为清楚。

3.主客视角转换

中国传统上往往以自然为认识对象，常常将自然人性化，从主体出发，因此带有浓厚的主体意象。表现在语言上则是多侧重从主观视角出发。而西方传统思维以自然界为认识对象，主客两分，区分自我意识与认识对象，强调客观性。因此，体现在语言上则是侧重从客观视角出发。

猛然记得有件东西忘下了，站住了，回过头来。这茅屋里的老妇人——她倚着门儿，抱着花儿，向着我微微地笑。

译文1：

It suddenly occurred to me that I had something left behind. I immediately stopped and turned around only to find an old lady in the thatched cottage smiling at me with a bunch of flowers in her arms.

译文2：

Suddenly it occurred to me that I had something left behind. When I stopped and turned around, my eyes fell on an old woman at her cottage door smiling at me, a bunch of flowers in her arms.

上述例子中，首先汉语是一个无主句，因为根据上下文可以推出是作者“我”猛然记得，那么汉语可以添加人作主语，那么在翻译的时候，虽然猛然记得以 I 作主语不是不可以，但是从英汉思维差异角度考虑，英语较注重从客观视角出发，用 it 这一形式主语不仅表现客观性，再加上occur 这个词可以表现出一种思维的突然性。下面三个分句虽然在汉语中是用句号隔开，但是本身英语和汉语思维存在区别，而英语可以借助形式将其结合起来。翻译时译文1直接用了only to find这么一个词组，根据意思本想表现作者猛然回头的出乎意料性和惊讶的感觉，没有注意到客观性的角度。而译文2用了My eyes fell on是强调回过头来，眼睛注意到了什么，因为物体是眼睛看见的，从物的角度出发。这就表现了在英语中，物作主语的很多，在表示主体与客体关系、互动时往往从客体着手。

每当夏夜，我起床以后，立刻就闻到院子里那些高大的马缨花树散发出来的阵阵幽香，这些香气破窗而入。

译文1：

At summertime whenever l got out of bed，a fitful of fragrance from the silk trees coming through the window would assail my nose.

译文2：

In summer，the moment l got out of bed before daybreak，I would smell the delicate fragrance of the giant silk trees coming from outside my window.

汉语中“我起床以后，立刻就闻到”，当然是作者闻到，但是译文1在翻译时并没有用人作主语，而是用物作主语，并且加上assail这个动词，它本身是攻击的意思，这里将它引申了一下，是这可以表达出马缨花的香气逼人，扑鼻而来，可能会更适合作者当时所处的环境。用 assail 更能表现作者被这种香味吸引，与文中语境较符合，这表现出英语往往从客观事物出发。

4.情感的传达

散文的创作在于传达作者的思想感情，因此情感是散文的灵魂所在。在对散文进行翻译时，译者需要对原文的情感进行体会。也就是说，要想让读者顺利读完译者翻译的散文，获得与原作读者相同的感受，就需要译者把原作的情感融入进去，这样才能真正地移情。

5.意境的重现

意境是散文思想表达的重要依托，因此作者在散文写作中往往会将意境的创作放在首位。这是因为散文创作的目的在于带给读者美的享受以及思考，所以译者在对其进行翻译时，需要考虑作者创作的意境。散文的语言表达比较自由，注重“义”大于“形”，因此译者在翻译时并不拘泥于句子的表达，而是做到收放自如，在对原作意思进行再现的基础上，用流畅、优美的语言将意境凸显出来。

6.释意的翻译

释意理论是由玛丽安·勒代雷和达妮卡·塞莱斯科维奇于20世纪60年代末提出，释意学派认为翻译不仅需要传达言内意义，还要传达特定语境中的言外意义。如果语言是一种交际行为，那么翻译的对象必然是交际意义，而交际意义则是语言内知识和语言外知识相结合的结果。要实现意义对等，翻译就需要实现交际意义，而认知对等和情感对等是实现交际意义的两个主要部分。在翻译过程中，译者要理解源语言，脱离其语言形式，对译文进行再创造，实现意义对等。在此基础上，释意理论提出了三个翻译步骤：理解、脱离源语言外壳和重新表达。

在释意理论视角下的中国现代散文翻译可以采用如下几种方法，以《花生的荣耀》选段为例。

（1）意义对等理论

事实上，释意理论也可以称为“意义理论”。萨特（Sartre）认为：“意义并不包含在要理解的词的意义中；虽然文学目的是通过语言实现的，但在语言中却找不到这个目的；意义不是词的总和，而是它们的有机整体。”[①]为了实现意义对等，认知对等和情感对等是两个主要部分，而情感对等则要求对原文作者的移情和对其语言的充分理解。

①认知对等。释意理论认为，要全面理解源语言，就需要认知对等。认知对等是由文本的言内意义和译者的认知补充相结合而实现的。而认知对等包括译者的文化背景知识、主题知识和百科知识等。例如：

在谷雨前的一段日子里，他们要让土地充分地“醒一醒”“兴奋兴奋”，把那攒了一冬的劲儿啊，可劲儿地憋足喽。

During the days before the “grain rain”, the land has been gradually awakened

① Lederer，Marianne. Translation: The Interpretive Model[M]. Manchester & Northeampton：St. Jerome Publishing，2003.

to the strength that has accumulated for a whole winter.

这句话提到了中国传统节气中的谷雨，在这样的文化背景下，我们中国人很容易理解。然而，对于大多数来自其他国家的读者来说，理解比较困难。这就需要通过增加关于中国传统文化的主题知识和百科知识来实现认知对等。

②情感对等。作者的情感通常都不是以语言形式存在的，而是存在于字里行间，这就使译者对原文作者的情感感同身受，对作者的表达有一个透彻而敏感的理解，从而重新表达情感意义，实现情感上的对等。例如：

它来自最优良的品种，它来自最肥沃的土地，它承托着生命延续的重任，它寄予着家乡庄户人的幸福与厚望！

They are from the best strain and have grown on the most fecund land, so they are assigned the mission of continuing life, and the promise of a happy future of the farmers!

这句话主要是作者对花生的溢美之词。在情感上，“承托着”这个词隐含着家乡人赋予了花生这种延续生命责任的意思，表达了人们对花生的深深的爱、期待和希望。如果把它翻译成have undertaken，语言缺少感情。因此，如果译者与原文作者没有情感共鸣，就不容易实现目的语的情感对等。

（2）三角模型理论

①词汇层面。这一部分将探讨释义理论中的三角模型理论在散文翻译中的适用性。英汉语言的差异使这两种语言在词汇、句法和语篇层面上也存在着许多差异。要把词汇层面上的文化负载词等翻译好，译者首先要准确把握原文的隐含意义，然后摆脱原文的语言形式，在目的语中重新表达出来。[①]这一翻译的心理过程符合释意理论的三角模型。例如：

那颗颗饱满而又坚挺的花生种子，个个脸桃红仁乳白，品相端正圆润，身骨俊朗丰腴，恰似那庄户人家媳妇偏房内张贴年画上的福娃娃。

These plump-eared peanut seeds have pink skin and ivory white kernel, with plump and pretty appearance, just like the “lucky babies” (footnote: “Lucky babies” refers to Chinese lucky baby, which is an adorable image of a baby on the

① 张培基.英汉翻译教程[M].上海：上海外语教育出版社，2009.

traditional Chinese New Year painting, who usually wears a red bib embroidered with the Chinese character "Fu", which means good fortune and happiness.) on the new year pictures put up in the wing-room of the wives of peasant families.

以上句子涉及一个中国文化负载词“福娃娃”，而且原文中，“福娃娃”一词运用了隐喻。如果简单将其翻译成“幸运儿”，而花生和“幸运儿”之间的相似性并未表现出来，那么原文的比喻意义也就毫无意义了。为了保留该词的修辞效果，译者需要了解“福娃娃”的隐含意义，并对其进行补充解释。这种思考过程与三角模型是大致相同的。

②句法层面。从句法上来看，中英思维方式也有许多差异。例如，我们都知道文学作品中有许多短句和松散句，尤其是散文。在英语文化中，译者要想使目的语得到读者更广泛的接受，就需要注意英语对长句的偏好。思维方式上的差异要求译者摆脱句子结构，以更流畅、更地道的方式重新组织目标语，这也符合三角模型理论。例如：

那壳自它一分裂，好像立马变得个个灰头土脸，躲进簸箕里掩面叹息，而那颗颗被双手温暖抚摸过的花生仁，起初倒是惊诧，神情紧张，继而笑靥万千，个个眉飞色舞，它在一瞬间便明白了主人们全部的心思，觉得自己完全可以放开任性调皮不会受任何嗔怪。

Since it's cracked, the shells seemed to become dusty and dirty in appearance, hiding in the dustpans to bury their faces and have a sigh, while the peanuts that have been caressed by people's warm hands seemed to be surprised and nervous at first, but soon beaming with joy. It's like they instantly understood all the thoughts of their masters, feeling that they can be willful and mischievous to their heart's content, without being blamed at all.

散文作品中有许多短句和散句。这个例子就体现了散文的这一特点，译者要想使译文更容易被接受，表达更地道，就应该划分意群，再运用一些连词重组句子。

③语篇层面。文本是翻译中的最大单位。汉英两种语言在语篇结构上有许多相似之处和不同之处。不同文本的翻译应具有不同的特点。语篇翻译强调语篇分析和语用意义。下面将从衔接手段这个方面对语篇进行分析，以说明语篇意义的重要性。例如：

家乡人在暖洋洋的光线下，说说笑笑，间或打打闹闹，上了年纪的老人，三四十岁的男人，刚过门没多久的新媳妇，话题有东有西，内容有种田耙地有乡间趣闻，放了学的孩子在旁边打沙包下象棋，二十啷当岁的小伙子和嫂子们撺掇斗嘴，不时引起阵阵欢声笑语。

Basking in the warm sunshine, the folks in my hometown, maybe including the elderly, men from thirty to forty years old or new brides were playing with one another once in a while, and laughing and chatting about different topics from farming and harrowing the soil to anecdotes in the countryside. Meanwhile, the children after school were pitching sandbags and playing chess nearby; the chaps around twenties and women were bickering with each other, arousing gusts of laughter.

语篇翻译的关键在于语篇逻辑的合理性。在分析词汇和语篇结构的基础上，译者应考虑语篇的完整性，运用逻辑关系准确地理解原文的意义。在语篇中，连词的翻译也反映了“汉语重意合，英语重形合”的特点。散文的形式总体上比较松散，衔接手段不明显，这可能体现在句子结构和思维方式的转变上。而英语需要用虚词来完成“形”。因此，该文本的译者在翻译之前首先要理解原文的逻辑，用连词表达出隐含的逻辑关系，如including和and，使句子更具逻辑性和连贯性。因此，增补逻辑关系词的这个思考过程也反映了三角模型理论的运用。

下面通过一则具体实例来分析。

醉翁亭记

欧阳修

环滁皆山也。其西南诸峰，林壑尤美，望之蔚然而深秀者，琅琊也。山行六七里，渐闻水声潺潺而泻出于两峰之间者，酿泉也。峰回路转，有亭翼然临于泉上者，醉翁亭也。作亭者谁？山之僧智仙也。名之者谁？太守自谓也。太守与客来饮于此，饮少辄醉，而年又最高，故自号曰醉翁也。醉翁之意不在酒，在乎山水之间也。山水之乐，得之心而寓之酒也。

……

The Old Drunkard's Arbour

by Ouyang Xiu

The district of Chu is entirely surrounded by hills, and the peaks to the southwest are clothed with a dense and beautiful growth of trees, over which the eye wanders in rapture away to the confines of Shandong. A walk of two or three miles on those hills brings one within earshot of the sound of falling water, which gushes forth from a ravine known as the Wine–Fountain; while hard by in a nook at a bend of the road stands a kiosque, commonly spoken of as the Old Drunkard's Arbour! It was built by a buddhist priest, called Deathless Wisdom, who lived among these hills, and who received the above name from the Governor! The latter used to bring his friends hither to take wine; and as the personally was incapacitated by a very few cups, and was, moreover, well stricken in years, he gave himself the sobriquet of the Old Drunkard. But it was not wine that attracted him to this spot. It was the charming scenery, which wine enabled him to enjoy!

...

（H. A. 霍克斯　译）

【赏析】

首句"环滁皆山也"是欧阳修修改后的句子。原先列出许多山名，后皆删去，以至于如此精练。滁为州名，州可译为prefecture（州，郡），译者不详此义而泛译为district（地区）。此句可以单独译为一句，但译者连至下句以形成视觉上的整体印象。

"其西南诸峰，林壑尤美"一句，译文谓语用are clothed with a dense and beautiful growth of trees，是描述性处理，其中动词尤为生动。此句处理复连下句："望之蔚然而深秀者，琅琊也。"用一个定语从句译出over which the eye wanders in rapture（极目望去，心旷神怡），是神来之笔。但away to the confines of Shandong（直至山东边界），不是要漏译"琅琊山"，而是误解导致误译——译者把滁州的琅琊山误解为山东的琅琊郡了。

"山行六七里，渐闻水声潺潺"一句，先以名词短语A walk of two or three miles on those hills引出句子，再以brings one the sound of falling water成句，但译者没有忘记心理感受的原理，因而加了within earshot of（在听觉所及的范围内），实在是很有必要。此谓"在文学中不忘科学，人文之情不违背科学"之理。译者认为"泻出于两峰之间"有赘文，故以虚带实，仅用from a ravine（从深谷出）轻轻带过，而以gushes out（喷泻而出）状其形态水势，最后用known as the Wine–Fountain（酿泉）结句。

“峰回路转”，有亭翼然临于泉上者，句复以while与上句相连。Hard by（在近旁）in a nook（处凹角）at a bend of the road（路拐处）stands a kiosque（矗立着一个凉亭），在一连串的介词短语排列以形成寻找的曲折艰难感之后方见此亭。英文以kiosque代arbour，是西方人同义词多在脑际浮现以便于捕捉实物之故。commonly spoken of as（人称）较之直译“那是”（that is）要传神些。“临于泉上”因与上句结束时的酿泉紧接，故而用包孕法略示之，不再译出，而“有亭翼然”（standing like a perching bird）没有译出，其形象性是有所损失的。

“作亭者谁？”和“名之者谁？”两个问句，译者认为没必要，故而略去，而是以英文的陈述句将二者分别示出，又使其之间联系加强。“山之僧智仙也”译为a Buddhist priest不如a Buddhist monk好，因priest有基督教（传）教士之嫌。“智仙”为人名，意译为Deathless Wisdom（不死的智者），不如Wise Imortal贴近中文。接着以两个定语既交代了居于山中，又说明了以太守（the Governor）得名的原委，可见这样处理并非全无道理。再从以上几句译文惯用长句致使行文沉稳来看，译文的书卷气和古语味应是有意为之。

接下来，译者便可以依原文用笔从容叙述太守了。其实若以prefecture译州郡，则可以prefect译太守，不过译者仅用the latter（后者）代之。这几句的用词也很讲究，如hither（here的古语）、well stricken in years（being the eldest）更具文学性，其他如the sobriquet（诨号）的直取、be incapacitated by a few cups（不胜酒力）的文雅，均可看出译者所追求的古雅的译风。

“醉翁之意不在酒，在乎山水之间也。”乃是此篇点题的名句，必须花大力气译出哲理味来。译文用了强调句型，但将山水之间虚设的意境实写为此处。But it was not wine that attached him to this spot使整个句子成为叙述式的交代，哲理味便体现不出来。其部分原因是把重点移到下句“It was the charming scenery, which wine enabled him to enjoy”，以之结句，韵味尽出，但不求“山水”二字的直译。

三、中国古代小说翻译

（一）中国经典小说研究

1.小说的定义

什么是小说呢？还没有一个人人都一致接受的、清楚明了的定义。

《韦氏新大学词典》认为，小说是一种虚构的散文体记叙文，通常是篇幅长而结构复杂，通过一系列连贯的事件来表现人生经验。

《卡斯尔英语词典》把小说看成一种散文体的虚构记叙文，通常有独立成书的长度，描绘提取自现实生活的人物和场景。

《钱伯斯二十世纪词典》则更强调人物及其之间的相互关系的重要性，称小说为一种虚构的散文体记叙或故事，描述一幅现实生活的图画，尤其着重表现所写男女人物生活经历中的感情危机。

近来有些评论家已在努力进一步缩小定义范围。譬如，让真正的小说包括“教育”成分；让人物学到更多生活经验而有所发展变化。与此同时，优秀的侦探故事中，也含有大量对人物与动机的探究和重新评价。

2.小说的基本特点

（1）生动地叙述故事情节

小说既然要多方面、细致地刻画人物，就必须有完整、复杂的故事情节，因为情节是人物思想性格形成和发展的凭借。一般来说，情节越是完整而生动，人物的思想性格就越能具体地得到展示。故事情节的生动曲折，能使小说产生引人入胜的艺术魅力。所以，情节的完整性和生动性是小说的又一重要特点。这个特点和其他叙事文学相比，就更为突出。叙事诗因为要求语言凝练，因此情节单纯且跳跃性较大；叙事散文往往只摄取生活片段，一般没有完整的情节，戏剧因为要求矛盾集中和受时间限制，也容纳不了大量的详情细节。小说则不受时间、空间、篇幅、手法的限制，只要是内容需要和作家能力允许，就能通过典型化的方法，把情节安排得曲折有致、跌宕起伏。小说篇幅较长、容量较大，可以根据事件的发生、发展、高潮、结局逐步描写事件的全过程。即使是短篇小说，通过匠心经营，也能写得生动完整、摇曳多姿。

（2）具体地描绘环境

小说既要刻画人物，又要叙述事件，那就必须有具体的环境描写。人物总是生活在一定的自然环境和社会环境中，并受到环境的影响，事件也总是起因于一定的环境，在一定的环境里发生、发展。所以，在小说里只有具体而鲜明地展示环境，才能真实而深刻地表现出人物和事件的特征，才能揭示出人物行为和矛盾冲突发生、发展的原因和背景。当然，环境描写不是小说所独有，但像小说这样鲜明具体地描绘环境，是其他叙事作品所没有的。小说根据人物性格刻画和情节发展的需要，可以灵活自如、具体充分地描绘环境。

（二）中国经典小说的语言特点

1.形象与象征

小说的语言往往通过象征等手法，将情感、观点等形象地表现出来，而不是简单地直接叙述。也就是说，小说往往会用形象的语言对人物、事件等进行描述，使读者产生身临其境之感，从而获得与小说中人物一样的感悟与体会。小说对人物、事件等展开具体的描述，其使用的语言也用具象语言代替抽象语言，这样可以让读者受到感染。小说中经常使用象征的手法，象征并不是绝对代表某一观点、某一思想，而是用暗示的方式将读者的想象激发出来，是用有限的语言表达言外之意。用象形的语言表达暗示之意，大大增强了小说语言的艺术性与文学性，这也凸显了小说的一大特色。

2.讽刺与幽默

讽刺即字面意义与隐含意义之间呈现对立，有时候，善意的讽刺往往能够产生幽默的效果。讽刺对语篇的伦理道德等有教育强化的意义。幽默对增强语篇的趣味性意义巨大，虽然讽刺与幽默的功能差异比较大，但是将二者相结合，能够获得更大的效果。讽刺与幽默的效果往往需要通过语调、语气、句法等手段来彰显。

（三）中国经典小说翻译方法分析

1.人物性格以及人名的翻译

小说特别重视对人物进行刻画。因此，译者在翻译时，需要注意选词，找到恰当的表达手段，让读者通过读译作品，形成与原作读者相同的人物印象。另外，姓名不仅仅是单纯的语言符号，更富有文化内涵以及社会意义。因此，译者应该考虑如何将日常交际中人物姓名的翻译规范化，以便达到使文学作品中的人名翻译能够最大限度地传达作者的寓意，同时保持原作风格的效果。

《红楼梦》是中国文化的瑰宝，其中的人名更是极具中国传统文化特色，涉及小说人物达400余人，被誉为中国古典小说史上描写人物的典范作品。曹雪芹这位语言大师，十分灵活地利用了汉语在音、形、意等方面的特点，赋予了《红楼梦》人物一个个独特的名字。但是，正是这份独特的命名艺术，常常给读者带来理解方面的困难，只有结合作者所处的时代背景以及每个人物的性格特征和命运，才能领略这些名字的独到之处。正因如此，这更为小说的翻译带来了巨大的障碍。通过对比分析霍克斯译本和杨宪益译本在《红楼梦》中人物姓名的英译，进一步分析和比较不同翻译手法所体现出的人名翻译特色，从而得出在翻译富有汉语言文化特色的文学作品人名时，不同译者所采取的方法与技巧，并帮助大家进一步客观认识人名翻译行为，从中发现和总结出更多的人名翻译策略，通过对比分析不同人名翻译策略的运用，推动更多优秀译本的出现。

“《红楼梦》本身是一座中华语言文化的宝库，其众多的外文译本亦是翻译研究取之不尽的资源。”①这里主要讨论《红楼梦 》中人名的翻译。到目前为止，关于《红楼梦》的英译，有两个比较完整的版本：一个是杨宪益译本，对人名主要采用了音译的办法；另一个则是霍克斯译本，对主角名字采用音译而次要人物采用意译（见表6–1）。

① 冯全功.新世纪《红楼》译学的发展现状及未来展望[J].红楼梦学刊，2011（4）.

表6-1 杨宪益与霍克斯关于《红楼梦》中人物姓名的英译对比

类别	原著人名	杨宪益译本人名	霍克斯译本人名
主要人物	贾政	Chia Cheng	Jia Zheng
	贾雨村	Chia Yu-tsun	Jia yucun
	贾宝玉	Chia Pao-yu	Jia Baoyu
	林黛玉	Lin Tai-yu	Lin Daiyu
	薛宝钗	Hs ü eh Pao-chai	Xue Baochai
	元春	Yuan-chun	Yuanchun
	迎春	Ying-chun	Yingchun
	探春	Tan-chun	Tanchun
	惜春	His-chun	Xichun
	金钏	Chin Chuan	Golden
	玉钏	Yu Chuan	Silver
	袭人	His-jen	Aroma
次要人物	空空道人	The Reverend Void	Vanitas
	茫茫大世	Buddhist of Infinite Space	Buddhist mahasattva Impervioso
	渺渺真人	Taoist of Boundless Time	Taoist illuminate Mysteroso
	琪官	Servants' Names	Bijou
	宝官	Pao Kuan	Tresor
	芳官	Fang Kuan	Parfemee
	龄官	Immortal Names	Charmante
	文官	Wen Kuan	Elegante

根据表6–1不难发现两个版本的异同。首先，很明显有两个相似之处：杨宪益和霍克斯都采用音译来翻译小说中的主角名字，对“神仙”的名字均采用了意译的方法。

采用音译的方法来翻译主角姓名大有益处。无论采用霍克斯倾向的中文拼音系统还是杨宪益偏爱的韦氏拼音系统进行音译，都可以暗示汉语名字中的重复字以及发音，这可以帮助读者理解汉字名称文化。而且，由于有些名字是成组出现的，所以音译更可以暗示人物关系。例如，贾家的四姐妹，她们名字的结尾都带有“春”字，表明她们的姐妹关系。这些主角名字的音译可以帮助英语读者清楚地了解她们之间的关系。

而针对神仙的名字，杨宪益和霍克斯不约而同地选择了意译的方法。首先僧侣、神仙这种具有中国文化特色的人物身份是外国读者比较罕见的，因此采用意译的方法不仅可以为整个故事营造一种神秘的氛围，也能够比直译或者音译更易于读者理解。例如，仙女、和尚这些不为大众所熟知的角色，只会出现在特定的时代，但是这些人物的名字以及其本身又对后面的故事情节起到了重要作用，因此这些名字的翻译不容忽视。意译可以使他们的身份易于区分，并表达其名字的隐藏含义。因此，两位译者多选择具有神秘含义的单词，如“虚无”“无限”“无国界”“伟大的圣人”等带有强烈神秘感的词语。而通过表6–1也可以明显看出，两个版本有很大的翻译差异。杨宪益主要使用韦德–吉尔斯（Wade–Giles）系统来命名大多数人物，而霍克斯主要采用意译的方法，尤其针对其中隐藏有特殊含义的人物名字，杨宪益通常在其中添加脚注进行解释，但是霍克斯倾向于音译，并使用汉语拼音系统作为主要翻译基础。

另外，虽然杨宪益和霍克斯在翻译神仙和僧侣的宗教名字时都使用了意译，但是对于具有特征的名字，他们选择了不同的词。杨宪益偏爱使用英语单词，但霍克斯充分利用了多国语言，如英语、希腊语、法语、梵语、拉丁语和意大利语。杨宪益通常使用那些与中文名称具有相似含义，并且在翻译其名称时具有很强的神秘感的英语单词，如无限空间的佛教徒、无限时空的道家等。这些单词的身份可以通过英译清楚地显示出来，这样这些名称就可以营造一种神秘的气氛，并且很适合这个故事。尽管这些角色看起来很常见，但他们在整部小说中仍然占有重要的位置，因此霍克斯更加关注这些名称，并使用多国语言对其进行翻译。

杨宪益在翻译仆人的名字时主要采用音译，从而可以向外国读者介绍中文姓名文化，但由于大多数仆人的名字在小说中都有隐含的含义和特殊功能，因此音译往往不能够将这些全部表达。相反，霍克斯采用意译来翻译仆人名字的时候，由于考虑仆人地位低下的现实因素，他偏爱用植物、石头等词汇来意译仆人的名字。

2.语境的翻译

语境就是语言环境，指的是用语言展开交际的场合。小说的语境的翻译要比语义的翻译更加困难。译者在翻译时，应该注意分析原作的总体与个别语境，运用恰当的表达手段，对原作语境进行准确传达。

下面通过一则具体实例来分析。

红楼梦（节选）

曹雪芹

甄士隐梦幻识通灵　贾雨村风尘怀闺秀

石头听了，喜不能禁，乃问："不知赐了弟子那几件奇处，又不知携了弟子到何地方？望乞明示，使弟子不惑。"那僧笑道："你且莫问，日后自然明白的。"说着，便袖了这石，同那道人飘然而去，竟不知投奔何方何舍。

后来，又不知过了几世几劫甲，因有个空空道人访道求仙，忽从这大荒山无稽崖青埂峰下经过，忽见一大块石上字迹分明，编述历历。空空道人乃从头一看，原来就是无材补天，幻形入世，蒙茫茫大士、渺渺真人携入红尘，历尽离合悲欢炎凉世态的一段故事。后面又有一首偈云：

无材可去补苍天，枉入红尘若许年。

此系身前身后事，倩谁记去作奇传？

The Story of the Stone (excerpts)

by Cao Xueqin

Zhen Shi–yin makes the Stone’ s acquaintance in a dream And Jia Yu-cun finds that poverty is not incompatible with romantic feelings

The stone was delighted.

"What words will you cut? Where is this place you will take me to? I beg to be enlightened."

"Do not ask," replied the monk with a laugh. "You will know soon enough when the time comes."

And with that he slipped the stone into his sleeve and set off at a great pace with the Taoist. But where they both went to I have no idea.

Countless aeons went by and a certain Taoist called Vanitas in quest of the secret of immortality chanced to be passing below that same Greensickness Peak in the Incredible Crags of the Great Fable Mountains when he caught sight of a large stone standing there, on which the characters of a long inscription were clearly discernible.

Vanitas read the inscription through from beginning to end and learned that this was a once lifeless stone block which had been found unworthy to repair the sky, but which had magically transformed its shape and been taken down by the Buddhist mahasattva Impervioso and the Taoist illuminate Mysterioso into the world of mortals, where it had lived out the life of a man before finally attaining Nirvana and returning to the other shore. The inscription named the country where it had been born, and went into considerable detail about its domestic life, youthful amours, and even the verses, mottoes and riddles it had written, All it lacked was the authentication of a dynasty and date. On the back of the stone was inscribed the following quatrain:

Found unfit to repair the azure sky,
Long years a foolish mortal man was I.
My life in both worlds on this stone is write:
Pray who will copy out and publish it?

【赏析】

上述记述一僧一道在峰下谈论，此处有较大删节。本来是通灵的石头思凡，要到人间享受一番，于是央求两人携带它而去，译文却空一大段文字，直接由僧人从袖中拿出宝石（此前已缩小的玉坠），刻字其上，然后再答应携带它而去。这样一来，译文虽然在情节上勉强可通，但仔细想来，还是不够顺畅，至少在文本和情理上有些损失。接下来的段落，描写空空道人（a certain Taoist called Vanitas）经过此地，读石上文字，知是昔日茫茫大士（the Buddhist mahasatva Impervioso）、渺渺真人（the Taoist illuminate Mysterioso）携此宝石幻形入世的一段故事。不仅人物名称的翻译全用意译，而且叙述的文字也注意到宗教色彩，如幻形入世，渡到彼岸，抵达涅槃（where it had lived out the life of a man before finally attaining Nirvana and retuning to the other shore）。在章法上，译文将原文的一段偈颂移到此节最后，这样不仅突出了偈颂，而且使叙述文字更加连贯。应当说，这种注重连贯性的换位译法，是十分可取的。

关于这段偈的翻译也很有趣。前两行的连接，英文增加了“发现”（found）一词，遂将客观的记述转化为主观的感受，同时暗含自我认识中的因果关系。而“愚蠢终将一死的人”（a foolish mortal man）则大大地深化了“枉入红尘”的存在论根据。“身前身后事”（my life in both worlds），既有明白的一面，也有不明白的一面，而“作奇传”译为copy out and publish it（抄下来发表之）显然是直白与俗气了一些。不过，英文的pray一词倒是给译文增加了一些古雅的味道。

第三节　传统艺术翻译

一、中国传统戏曲剧本的语言特点及翻译

（一）中国传统戏曲剧本的语言特点

1.动作性

在中国传统戏曲剧本中，语言与动作有着紧密的联系，动作是剧作者打

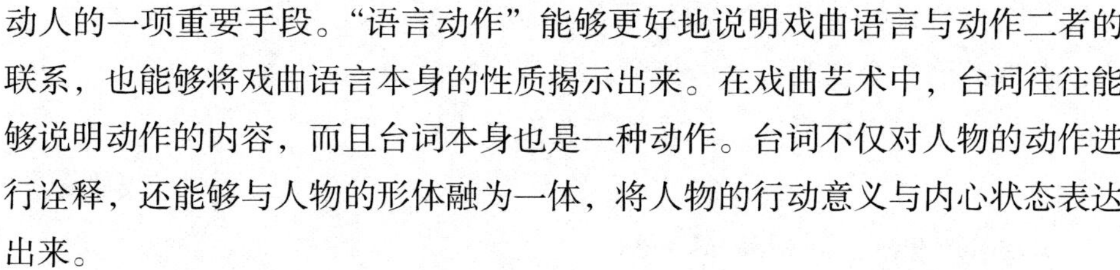

动人的一项重要手段。“语言动作”能够更好地说明戏曲语言与动作二者的联系，也能够将戏曲语言本身的性质揭示出来。在戏曲艺术中，台词往往能够说明动作的内容，而且台词本身也是一种动作。台词不仅对人物的动作进行诠释，还能够与人物的形体融为一体，将人物的行动意义与内心状态表达出来。

2.修辞性

戏曲源自生活，但并不是对生活的简单重复。戏曲主要依靠语言来吸引大众的视线，因此戏曲台词都是剧作家精心加工出来的。在剧本创作过程中，剧作家往往会使用多种修辞手法，以使语言更鲜活，更具有说服力，进而给观众留下了深刻的印象。

（二）中国传统戏曲剧本翻译方法分析

就传统戏曲剧本翻译而言，制约其翻译策略的因素主要有戏曲翻译的特点、戏曲翻译的性质与任务、戏曲语言的特点，以及综合这些因素而确定的戏曲翻译的原则、戏曲翻译的对象和戏曲翻译的单位等。由于戏曲翻译的特殊性，如受简洁性、即时性、动作性、可演性和大众性等的制约，译文内容与原文一致的重要性相比于形式对等更显突出。但是，这并不意味着只顾内容而完全放弃形式。所谓内容忠实原则，是指戏曲翻译的译文首先要力求忠实于原作内容。以下是几种常用的翻译方法。

1.加词法

由于剧本舞台表演的即时性，翻译中一般不宜采用文后加注的方法。通常情况下，文内增译（文内加词法）是大多数戏曲翻译工作者经常使用的翻译方式。受到传统戏曲文本独有的语言特点和各国文化差异的影响，剧作家对于一些不需要过多赘述的、源语观众所熟识的环境信息常常省去，但是这些省略常使目的语观众产生理解的障碍，所以翻译者需要在译文中加入一些语境信息，如利用词或短语等形式补充源语中省略的文化内容，帮助目的语观众理解。除此之外，这种翻译方式对于译者提出了更高的要求，经过实践证实，文内增译法会使译文看起来简单明了，非常适合舞台演出这种形式，所以被目的语受众广为接受。例如：

梳着个霜雪般白鬏髻，怎戴那销金锦盖头？

（关汉卿《窦娥冤》）

Now your hair is as white as snow,

How can you wear the bright silk veil of a bride?

（杨宪益、戴乃迭　译）

又无羊酒段匹，又无花红财礼。

（关汉卿《窦娥冤》）

He never sent you wedding gifts:

Sheep, wine, silk or money.

（杨宪益、戴乃迭　译）

在此两例中“金锦盖头”指的是中国古代新娘的特有装饰，而“羊酒段匹”和“花红财礼”都是传统的结婚聘礼。这些对中国观众来讲都是常识性的知识，因而不会成为理解的障碍。但对于不谙中国文化传统的外国观众，可能会产生理解上的困难。为了弥补这个文化信息，杨宪益、戴乃迭分别增译了两个上义词组of a bride 和wedding gifts，这样就很好地填补了目的语观众的文化空白。

2.替代法

有时，源语中所包含的某些对白文字的文化区域性特征过强，在译语观众固有的认知结构中缺乏，而在有限的戏剧时空中又无法补充，同时该内容又是不可或缺的组成部分。这时译者就可考虑使用替代法的翻译方法，将原句中这些文字“化”去，而采用译语观众可以理解的词语取而代之。

替代法是中国传统戏曲剧本翻译中常用的方法，它是一种归化译法，即用本民族观众能理解的事物或说法去替代异文化中特有的事物。试看下面的翻译。

苏连玉：“三石芝麻。”

（刘锦云《狗儿爷涅槃》）

Su Lianyu: “Eight bushels of sesame seeds.”

（英若诚　译）

苏连玉：“嫂子，这是五十斤豌豆，先凑合吃。”

（刘锦云《狗儿爷涅槃》）

Su Lianyu："Sister, here's a sack of beans, twenty-five kilos, take it."

（英若诚　译）

在人类漫长的历史中，不同的民族形成了自己的度量衡制。西方国家有英里、英尺和英寸，中国有丈、尺、寸等。当这些不同的度量单位出现在戏曲对话中时为了使戏曲观众尽快理解话语的意义，替代法是最直接和实用的翻译方法。

3.释译法

从社会、历史、文化等角度出发，源语和目的语都存在着一定的差异，源语戏曲的台词常使用一些具有特定文化意义的词语，这些都是译文读者并不知情的，也是他们并不熟悉的领域，有些甚至很难被读者接受与理解。假如一些被直译的词不能让读者理解，就会造成源语意图不明的窘迫。因此，在翻译时，译者要采用恰当的翻译方式，使译文向准确简明的方向上靠拢。例如：

莫不是前世里烧香不到头，这前程事一笔勾。

（关汉卿《窦娥冤》）

Did I burn too little incense in my last life,
That my marriage was unlucky.

（杨宪益、戴乃迭　译）

二、中国传统音乐唱词的语言特点及翻译

（一）中国传统音乐唱词的语言特点

民歌是唱给人听的，要使民歌明白如话地让人听懂，那么唱词中的自然节律在唱腔中的正确表达是一个重要方面。唱词有长有短，句式也有长有短，

所有唱词总是由一个一个词组连接而成，有时短停顿，有时长停顿，隐含着各种标点符号的功能。旋律基本能体现这些特点，这就是唱词的节律形态。

1.词逗

唱词的词性构成有两种：一种是实词，另一种是虚词，以实词为主，虚词为辅。每一句唱词都可以划分为若干个词组。词组的类型也基本有两种：一种是两字词组，另一种是三字词组。例如，常见的五字句可划分为“2+3”的词组，七字句可划分为“2+2+3”的词组。唱词中有助词、代词、语气词之类的虚词，一般依附于就近的实词词组。一般词组的第一字为重音位置，常在拍头位置出现，词组中的字相对集中处理，这样接近语言表达的自然特点，也使词逗清晰。

2.句逗

唱词中的句逗形态更是司空见惯。因为民歌总是以句为单位表达的，每一乐句后的长音就是最明显的句逗形态，隐伏着逗号功能。但是，唱句在唱词中的位置、层次、词义都不会一样，句逗感除了逗号功能外，还有分号功能（多句并列中的句逗形态）、句号功能（乐段终止的句逗形态）、感叹号功能（高潮乐句后的句逗形态）等。

（二）中国传统音乐唱词翻译方法分析

1.歌曲中词语的翻译策略

歌曲翻译是将歌词用另外一种语言诠释。歌词不同于普通的翻译，其句子短小，内容精练，翻译时需要将其中每个词语的意思理解琢磨到位。例如：

山丹花开一点点红，你是妹妹的（啦呼嗨）心上人。

你想嫁俺俺高兴，只要你不嫌（啦呼嗨）哥哥穷。

The lily blooms with red, you are my (la hu hai) sweet heart. I am happy that you want to marry me, as long as you don’t care of (la hu hai) my poorness.

在这一句中同时出现了第一人称和第二人称的“我”与“你”及第三人

称的“妹妹”和“哥哥”。通过前后句可知，“妹妹”与“哥哥”都是自称，且“你”和“妹妹”或“哥哥”位置紧邻，若将“妹妹”和“哥哥”直接译为sister和brother，则会让异语读者在与“你”的关系上产生歧义。并且，在同一句话中，人称紧邻，自然要统一，故全部以直接抒发感情为主，译为“你”和“我”。

2.歌曲中句式的翻译策略

翻译不能一味地逐字逐句翻译，而要根据实际需要适当作出调整。比如，为了便于演唱，将元音结尾的单词放在句末，或者为了使译语读者读起来更加自然流畅，按译语表达习惯排列语序等。为了更好地呈现原歌词的特点、吸引译语读者，笔者在翻译歌曲时通过语序调整，达到以上目的。例如：

爷爷锄把接在手，家乡再穷我不走。

译文1：

I take over my grandpa's hoe, poor though my hometown is, to any place I will not go.

其实原歌词中第一句是被动语态，应该是“爷爷锄把被我接在手”，笔者翻译时为了利用hoe这个词结尾便于演唱，于是将其倒置过来，译成了主动语态。第二句有“让步”的意义，“即使家乡再穷”，笔者将其译为两个短句，让步状语从句在前，主句在后，以go结尾，这样两句就形成与原文一样的韵脚ou。

参考文献

[1] 包惠南，包昂.中国文化与汉英翻译[M].北京：外文出版社，2004.

[2] 陈峰.中国文化与翻译“第1辑”[M].沈阳：辽宁大学出版社，2008.

[3] 戴雷.记者会语境下中国文化特色用语翻译策略研究[M].南京：南京大学出版社，2016.

[4] 丁建新，齐环玉，刘悦怡.文本与翻译[M].广州：中山大学出版社，2013.

[5] 杜学鑫，孙志民.跨文化视域下中国旅游文化对外翻译研究[M].北京：中国纺织出版社，2017.

[6] 段文颇.英汉汉英翻译理论基础[M].兰州：甘肃科学技术出版社，2004.

[7] 高婷.文化翻译观视阈下的“中国英语”研究：以传媒英语词法和句法为例[M].南京：南京农业大学出版社，2011.

[8] 郭风平.中国传统文化概说[M].咸阳：西北农林科技大学出版社，2004.

[9] 姜妮.中国文化与翻译[M].徐州：中国矿业大学出版社，2017.

[10] 姜妮，顾艳艳.中国文化与翻译[M].徐州：中国矿业大学出版社，2017.

[11] 金鸣娟.中国传统文化[M].北京：中国农业大学出版社，2004.

[12] 霍小静，曹永谊.跨文化视野下的中国经典汉语元素翻译研究[M].长春：吉林大学出版社，2017.

[13] 赖小敏，张陈元，张瑜娜.中国文化与四六级翻译实践[M].长春：吉林大学出版社，2017.

[14] 李宝龙，杨淑琴.中国传统文化[M].北京：中国人民公安大学出版

社，2006.

[15] 李红梅.基于文化翻译理论的中国菜名英译研究[M].徐州：中国矿业大学出版社，2009.

[16] 李晶.当代中国翻译考察（1966—1976）："后现代"文化研究视域下的历史反思[M].天津：南开大学出版社，2008.

[17] 李美.西方文化背景下中国古典文学翻译研究[M].北京：世界图书出版公司，2014.

[18] 李伟荣.翻译、传播与域外影响：中国典籍翻译与国家文化软实力关系研究[M].上海：上海交通大学出版社，2015.

[19] 李欣.当代西方文化学派翻译理论在中国的传播与接受（1990—2010）[M].天津：天津社会科学院出版社，2014.

[20] 李燕.中国特色语言文化视角下的翻译研究[M].哈尔滨：黑龙江人民出版社，2018.

[21] 李照国.译海心悟：中国古典文化翻译别论[M].上海：上海中医药大学出版社，2007.

[22] 梁艳君.社会文化思潮与中国翻译史学研究[M].北京：中国民主法制出版社，2014.

[23] 凌来芳，张婷婷.中国戏曲跨文化传播及外宣翻译研究[M].杭州：浙江工商大学出版社，2019.

[24] 刘经纬.中国传统文化[M].哈尔滨：东北林业大学出版社，2005.

[25] 刘静.中国文化"走出去"战略背景下的翻译理论与应用研究[M].北京：光明日报出版社，2016.

[26] 刘坤，王雪燕，任毓敏.中华文明的输出：外宣翻译中的中国文化与中国形象[M].长春：吉林文史出版社，2017.

[27] 刘磊.中国传统文化与艺术翻译研究[M].长春：东北师范大学出版社，2020.

[28] 卢红梅.华夏文化与汉英翻译（第3部）[M].武汉：武汉大学出版社，2010.

[29] 卢红梅.华夏文化与汉英翻译[M].武汉：武汉大学出版社，2008.

[30] 陆莉莉.中国文化的翻译研究[M].天津：天津科学技术出版社，2017.

[31] 罗选民，屠国元.阐释与解构：翻译研究文集[M].合肥：安徽文艺出版社，2003.

[32] 吕和发，周剑波.中国文化软实力与应用翻译研究[M].北京：中国出版集团；中国对外翻译出版公司，2010.

[33] 马士奎，倪秀华.塑造自我文化形象：中国对外文学翻译研究[M].北京：中国人民大学出版社，2017.

[34] 穆诗雄.跨文化传播：中国古典诗歌英译论[M].合肥：中国科学技术大学出版社，2004.

[35] 尚宏.文化传播与翻译[M].开封：河南大学出版社，2008.

[36] 佘协斌.法汉翻译研究[M].合肥：安徽文艺出版社，2003.

[37] 史志康.《论语》翻译与阐释[M].上海：上海外语教育出版社，2019.

[38] 苏晓轶.翻译与中国文化“走出去”发展路径探索[M].北京：九州出版社，2018.

[39] 王秉钦.文化翻译学：文化翻译理论与实践[M].天津：南开大学出版社，2007.

[40] 王武兴.英汉互译指导与篇章翻译[M].北京：朝华出版社，2004.

[41] 魏倩倩.文化翻译视域下的中国典籍英译研究[M].北京：九州出版社，2018.

[42] 谢天振，王宁.中国当代翻译研究文库・翻译研究：从文本、语境到文化建构[M].上海：复旦大学出版社，2014.

[43] 熊辉.中国当代诗歌翻译的文化选择[M].北京：中国社会科学出版社，2021.

[44] 徐晓飞，房国铮.翻译与文化[M].上海：上海交通大学出版社，2018.

[45] 许钧.法汉翻译教程[M].上海：上海外语教育出版社，2007.

[46] 叶红卫，刘金龙.中国古诗词英译研究新探[M].上海：上海交通大学出版社，2019.

[47] 叶会.全球视域下中国文化的翻译与传播[M].北京：九州出版社，2020.

[48] 余静作.中国译制片翻译研究资料汇编：英美篇（1949—2009）[M].北京：中国传媒大学出版社，2021.

[49] 张杰.基于翻译理论的中国文化对外翻译[M].长春：东北师范大学出版社，2020.

[50] 张丽莉，孟亮.中国文化“走出去”与翻译研究[M].长春：吉林大学出版社，2018.

[51] 赵晏彪.译道与文化：中国对外翻译出版公司[M].北京：中国对外翻译出版公司，2008.

[52] 仲伟合，何刚强.中国文学文化读本[M].北京：外语教学与研究出版社，2016.

[53] 朱岚.中国传统文化[M].北京：国家行政学院出版社，2013.

[54] 成昭伟，董秀丽.中国传统哲学典籍英译的文化考量[J].辽宁工业大学学报（社会科学版），2015，17（3）：38–40.

[55] 丁巧玲.从《论语》译介看中国传统文化的对外传播——模因论的视角[J].海外英语，2014（1）：120–121.

[56] 董秀丽，赵晓霞，成昭伟.中国传统哲学典籍英译与国家文化软实力建设[J].才智，2016（34）：222.

[57] 何亚琴.中国传统文化典籍英译策略研究——以《弟子规》和《太上感应篇》为例[J].海外英语，2016（9）：3–4+11.

[58] 胡敏.中国传统文化的英译现状与策略研究——以晋商文化为例[J].长治学院学报，2019，36（6）：39–42.

[59] 黄乐平，刘洋.文化“走出去”战略下中国传统相声剧目英译策略研究——以《中国传统相声大全》为例[J].长春理工大学学报（社会科学版），2021，34（4）：134–139.

[60] 李晨.跨文化传播视阈下中国传统音乐术语英译初探[J].贵州师范学院学报，2018，34（1）：79–84.

[61] 李建军.典籍英译：传统文化的可译性及翻译策略[J].安徽工业大学学报（社会科学版），2014，31（2）：73–74+88.

[62] 李霖.文化自信视域下的中原文化关键词研究[J].大众标准化，2020（14）：142–143.

[63] 李珊珊.浅析太极拳术语的英译策略[J].知识文库，2017（24）：163.

[64] 李汶璟.中国传统文化教育的国际化传播——评《三字经英译集解》

[J].中国教育学刊，2016（3）：127.

[65] 廖粲.中国传统文化视角下楼盘案名英译浅析[J].文存阅刊，2017（24）：144.

[66] 刘辰.古诗词英译的翻译变通策略[J].中国多媒体与网络教学学报（上旬刊），2020（8）：221–223.

[67] 刘宏伟，王湘玲."人己通"外译模式与中国传统文化对外传播研究[J].湖南大学学报（社会科学版），2020，34（4）：99–106.

[68] 刘满堂，郭卫平."一带一路"背景下中国传统文化英译输出策略——以陕西省为例[J].陕西学前师范学院学报，2019，35（12）：127–132.

[69] 楼捷，吴荣兰.从文化翻译观视角论中国传统菜名英译的文化功能等值[J].浙江树人大学学报（人文社会科学版），2014，14（3）：66–71.

[70] 卢利，汤璐."一带一路"背景下境外生对中国传统文化认知现状及英译能力研究[J].四川职业技术学院学报，2019，29（2）：85–91.

[71] 鲁国芳，蒲向明.跨文化视域下中国传统文化对外传播——应用"功能对等理论"英译陇蜀民歌的探讨[J].安康学院学报，2020，32（6）：18–21.

[72] 马缓缓.《棋王》蕴含的中国传统文化英译研究——以杜博妮2010年修订本为例[J].外国语文研究，2019，5（5）：69–77.

[73] 马平.中医语言的模糊现象及英译策略[J].新课程学习（中），2013（8）：8–9.

[74] 马秀平.用好"归化"和"异化"翻译策略，促进中国传统文化"走出去"——从《功夫熊猫》对中国元素的英译得到的启示[J].海外英语，2017（18）：152–153.

[75] 彭诣淙.文化翻译观视角下的中国传统谚语的英译[D].华北水利水电大学，2018.

[76] 钱梦雨，刘浩.基于中国传统文化传承的《楚辞》英译研究——以《国殇》与《橘颂》为例[J].盐城师范学院学报（人文社会科学版），2018，38（1）：69–72.

[77] 孙静.高/低语境文化下的中国传统文化词汇英译[J].长江丛刊，2017（27）：71.

[78] 陶玮.传播视域下中国传统文化翻译研究——以陶渊明诗歌英译为例[J].中国多媒体与网络教学学报（上旬刊），2019（3）：73–74.

[79] 王改莉.基于COCA语料库的中国传统文化在英语国家的接受度研究——以“春节”为例[J].文化创新比较研究，2021，5（27）：153–156.

[80] 王君.生态翻译学视阈下中国古代文化典籍英译中的读者关照[J].今古文创，2020（35）：87–88.

[81] 王敏霞.中国传统文化专用词汇的英语翻译特色研究[J].艺术科技，2015，28（12）：49.

[82] 王志博.海德格尔哲学对中国传统文化典籍英译的启示性研究[J].北方文学，2018（6）：230–231.

[83] 王志博.中国传统文化典籍的英译方法和文化传播策略——以《大观茶论》为例[J].福建茶叶，2018，40（3）：350–351.

[84] 项东，王蒙.中国传统文化文本英译的音译规范刍议[J].中国翻译，2013，34（4）：104–109.

[85] 谢柯.模因论视阈下中国传统文化典籍的英译及传播——以《孙子兵法》为例[J].重庆交通大学学报（社会科学版），2013，13（4）：137–140.

[86] 谢柯.模因论视阈下中国传统文化典籍中文化要素的英译策略研究——以《孙子兵法》中的基因型译文取向和表现型译文取向为例[J].云南农业大学学报（社会科学版），2013，7（3）：99–103.

[87] 辛闻，李文斌.中国“五行”的文化内涵及英译之探析[J].重庆电子工程职业学院学报，2016，25（6）：81–83.

[88] 许玫.“厚翻译”视角下的《中国传统文化》英译实践报告[D].中南民族大学，2016.

[89] 闫爱花.典籍英译中汉语文化负载词的异化翻译研究——以《红楼梦》英译本为例[J].郑州航空工业管理学院学报（社会科学版），2013，32（2）：126–128.

[90] 严晓江.典籍英译与中国传统文化价值传承[J].语文学刊，2019，39（4）：71–74.

[91] 尹园园.从中国特色词汇英译看中国传统文化传播[J].散文百家（新语文活页），2019（6）：219–220.

[92] 余再山.论中国古典格律诗英译之非[J].武汉理工大学学报（社会科学版），2014，27（4）：711–716.

[93] 张国颖.国学传统文化英汉双语课程研究述评[J].校园英语，2014（33）：28–29.

[94] 张婧.中国传统文化故事的英译探究[J].今古文创，2021（43）：125–126.

[95] 张丽坤."茶文化"语言特征及英译研究[J].福建茶叶，2021，43（12）：245–246.

[96] 张丽敏.中国传统文化词汇英译的社会学分析[J].皖西学院学报，2020，36（6）：93–97.

[97] 张营.接受美学理论视角下中国传统文化典籍英译研究[D].西华大学，2021.

[98] 赵虹.《金匮要略》中文化负载词的英译策略研究——以"方剂名"的英译为例[J].开封教育学院学报，2019，39（1）：51–52.

[99] 赵卿，王艾.文化理解深度对典籍英译的影响——以"理"的翻译为例[J].海外英语，2021（11）：225–228.

[100] 郑菁菁，陈文杰，孙金丹.浅谈建筑词汇英译鉴赏对艺术生人文素养之培养——以《楚辞·大招》中的艺术词汇英译为例[J].现代职业教育，2019（20）：21–23.

[101] 周锋，蒙洁琼，何严.文化认知对中国传统医药英译影响的研究[J].文化创新比较研究，2019，3（23）：96–97.

[102] 周锋.茶文化英译与中国传统医药对外传播研究[J].福建茶叶，2018，40（9）：269–270.

[103] 周润秋.中国传统文化英译之文化空缺与翻译补偿研究[D].南京农业大学，2016.

[104] 周润秋.中国传统文化英译之文化空缺与翻译补偿研究[J].江苏外语教学研究，2018（4）：86–90.